O OLHO DA SERPENTE

Elias Hendrikson

O OLHO DA SERPENTE

Entendendo os enganos de Satanás em um mundo de ilusões

Ágape

São Paulo 2013

Produção Editorial — Equipe Novo Século
Assistente Editoral — Nair Ferraz
Diagramação — Célia Rosa
Capa — Monalisa Morato
Preparação — Cátia Pietro
Revisão — Equipe Novo Século

Dados Internacionais de Catalogação na Publicação (CIP)
(Câmara Brasileira do Livro, SP, Brasil)

Hendrikson, Elias
O olho da serpente / Elias Hendrikson. --
1. ed. -- Barueri, SP : Ágape, 2013.

1. Conduta de vida 2. Guerra espiritual 3. Vida cristã 4. Vida espiritual - Cristianismo I. Título.

13-02259 CDD-248.4

Índices para catálogo sistemático:

1. Batalha espiritual : Vida cristã : Cristianismo 248.4

2013
IMPRESSO NO BRASIL
PRINTED IN BRAZIL

CEA – Centro Empresarial Araguaia II
Alameda Araguaia, 2190 11º Andar
Bloco A – Conjunto 1111
CEP 06455-000 – Alphaville – SP
Tel. (11) 3699-7107 – Fax (11) 2321-5099
www.novoseculo.com.br
atendimento@novoseculo.com.br

Ao meu irmão Richardson e às minhas irmãs,
Chirley e Lilian, os quais sempre me ajudaram e
incentivaram no ministério da Palavra.

Sumário

Introdução

(Gn 3; Mt 6; Mc 14; Rm 8:5; I Pe 1:17)

> "Ora, a serpente era o mais astuto de todos os animais selvagens que o Senhor tinha feito. E ela perguntou à mulher: Foi isto mesmo que Deus disse: 'Não comam nenhum fruto das árvores do jardim'?" (Gn 3:1 NVI)

Um pouco mais adiante, em Gênesis 3, depois de ter comido o fruto da árvore do conhecimento do bem e do mal, a mulher diz para Deus: "A serpente me enganou, e eu comi".

A serpente continua lançando o mesmo olhar que seduziu Eva. As mesmas enganosas lamentações são repetidas diariamente por pessoas que sofrem as consequências de seus pecados: "A serpente me enganou e eu acreditei nas mentiras dela; a serpente me enganou e eu fiz o que não devia; a serpente me enganou e eu menti; a serpente me enganou e eu desisti".

Certamente, vivemos em uma época muito diferente do início da criação, porém bastante semelhante nos aspectos espirituais e morais da época de Gênesis 3, quando o pecado contaminou a raça humana. Continuando a leitura do livro, vemos Caim enciumado matar o próprio irmão (Gn 4). Em seguida, no capítulo 6, os descendentes de Adão e Eva se espalharam pela Terra e se corromperam de tal forma que, abandonando Deus, receberam as consequências devastadoras de uma vida imoral e egocêntrica: Deus retirou deles o Espírito Santo, sendo todos posteriormente destruídos em um dilúvio que cobriu toda a Terra, ao qual apenas Noé e sua família sobreviveram.

> "Por causa da perversidade do homem, meu espírito não permanecerá nele para sempre... O Senhor viu que a perversidade do homem tinha aumentado na Terra e que toda a inclinação dos pensamentos do seu coração era sempre e somente para o mal." (Gn 6:3-5 NVI)

A perversidade humana demonstra que Eva foi vítima do olhar e das palavras sedutoras e persuasivas da serpente, o que resultou em uma situação de separação do Criador e obliterou a imagem divina inserida na própria estrutura humana. Essas consequências repercutem implacavelmente até hoje, mesmo que ninguém saiba exatamente como era esse fruto proibido, ou que tipo de árvore era, ou a localização do Éden, ou ainda como seria o primeiro casal. Ainda que os críticos se detenham em pontos obscuros para "folclorizar" o que a Bíblia relata como absoluta verdade, eles não conseguem apagar o poder da revelação de Deus, a qual se prova verdadeira no dia a dia da humanidade – basta observar como pessoas de culturas diferentes e em épocas diferentes cometem os mesmos pecados, exatamente os mesmos erros, sob a influência daquele mesmo olhar sedutor.

> "... a idolatria, a feitiçaria, a inveja, imoralidade sexual, ódio, discórdia, ciúmes, ira, egoísmo, dissensões, facções, inveja, embriaguez, orgias e coisas semelhantes a essas." (Gl 5:20-21 NVI)

Então, como era a serpente que enganou Eva? Como eram a árvore e o fruto proibido? Onde ficava o Éden? Isso não é possível saber e não é necessário, mas as consequências do olhar e das palavras sedutoras da serpente estão mais visíveis a cada dia. A tática que a serpente usou para seduzir Eva é exatamente a mesma que utiliza até hoje para seduzir e enganar os seres humanos em todos os lugares da Terra. O olho da serpente é como a mira de uma flecha pronta para disparar seus dardos inflamados[1], pois quando olha para alguém, é difícil escapar das mais pesadas tentações, palavras sedutoras e ilusões que podem levar à prática do mal e às consequências mais terríveis, as quais podem chegar até mesmo à desonra e à morte. A serpente não poupa ninguém, não importa a classe social ou o título da pessoa – todos, de alguma forma, serão alvejados pelas flechas do maligno.

Por essas e outras razões não importam as críticas infundadas dos céticos, ou a insensatez daqueles que preferem não falar sobre o assunto dizendo que essa abordagem é desnecessária ou desagradável. A questão é que o olho da serpente continua seduzindo, exatamente da mesma forma que fez com Eva, usando a mesma tática de engano.

Como o olho da serpente pode atrair, iludir e destruir as pessoas, e quem é mais suscetível? A atração pode ser resumida na palavra *tentação*, e as pessoas mais suscetíveis são aquelas que olham fixamente para o olho da serpente, ou seja, aquelas que mais amam os prazeres oferecidos por ela. Uma vez seduzido, os desejos maus ficam tão fortes que aprisionam a pessoa a vícios e compulsões pelas coisas mais estranhas e maléficas possíveis. O resultado é gente viciada em drogas, jogos de azar e mentiras. Outras ainda podem se tornar viciadas em comida – o que deveria servir para a subsis-

1 "... os dardos inflamados do Maligno." (Ef 6.16)

tência se torna objeto de um desejo incontido. Do outro lado, há os que tentam emagrecer demais, ainda que estejam pele e osso. Alguns acreditam que o dinheiro é o seu deus e fazem da busca por ele uma espécie de religião, onde todo empenho, fé e entusiasmo são direcionados para ter sempre mais. Isso se aplica também àqueles que falam em nome de Deus, mas na prática servem ao deus da riqueza[2].

A incredulidade na existência de Deus (ateísmo), a crença na impossibilidade de conhecê-Lo (agnosticismo), a adoração de um Deus denominado "universo" (panteísmo) e a aceitação de qualquer outro tipo de teologia pagã também deixam nítido que a serpente é capaz de enganar e persuadir ao erro.

Essas pessoas estão convencidas de que tais práticas fazem parte do próprio ser delas e, por isso, amam viver assim. Infelizmente, muitas continuam amando esse tipo de vida até o espírito se desprender do corpo, quando "o fio de prata for quebrado" (Ec 12:6). Outras, ao perceberem o engano, tentam lutar contra tais desejos, sentimentos e crenças, mas logo percebem que é difícil negá-los ou mesmo deixar de praticá-los. Isso acontece porque estão aprisionadas em pensamentos mórbidos e lutam sozinhas contra si mesmas como se estivessem lutando contra uma entidade mais forte do que elas. Depois, percebem que não podem vencer o próprio ego, mas nem sempre percebem que estão sob o olhar da serpente, que as escraviza em pensamentos, crenças e práticas destrutivas. Quando desistem de lutar, essas pessoas se entregam completamente aos desejos da natureza humana corrompida, destruindo a própria vida e a vida dos outros.

---

2 "Deus da riqueza" é *Mammon* em grego e em hebraico, *mamon* (îîå). THAYER, Joseph. *Thayer's Greek-English Lexicon of the New Testament: coded with strong's concordance numbers.* Peabody: Hendrickson Publishers, 1996, p. 388. DOUGLAS, J. D. *O Novo Dicionário da Bíblia.* São Paulo: Vida Nova, 2006, p. 989.

> "... antes que se rompa o cordão de prata, antes que se quebre a taça de ouro; antes que o cântaro se despedace junto à fonte, a roda se quebre junto ao poço, o pó volte à terra, de onde veio, e o espírito volte a Deus, que o deu." (Ec 12:6-7 NVI)

Os desejos compulsivos e maléficos não são necessariamente demônios (Gl 5). É certo que todos devem lutar contra entidades malignas capazes de alimentar desejos e pensamentos perturbadores (Ef 6:10-20), pois a natureza caída é a porta de entrada da alma pela qual os demônios passam (Ef 4:27). Assim, Gênesis 3 é repetido todos os dias em todas as pessoas, não importa se é um pregador, um bispo ou o Papa. Invariavelmente, todos nós, em algum momento, cedemos à alguma tentação (I Jo 1:8). Primeiro, um olhar penetrante e paralisante, em seguida um som suave, quase imperceptível à consciência, mas bem audível para a percepção intuitiva que nos leva a olhar ao objeto de desejo. A serpente está ali, envolta na árvore do conhecimento, pronta para chamar a sua atenção para os prazeres que aquele objeto de desejo pode proporcionar. Porém, a palavra final é inteiramente sua: se resistir, sairá vitorioso; se cair, será derrotado pelo próprio desejo de satisfazer o ego (Tg 4:7)! Portanto a vitória da serpente é esta: levar você ao erro!

> "Portanto, submetam-se a Deus. Resistam ao Diabo, e ele fugirá de vocês. Aproximem-se de Deus, e ele se aproximará de vocês! Pecadores, limpem as mãos, e vocês, que tem a mente dividida, purifiquem o coração. Entristeçam-se, lamentem-se e chorem. Troquem o riso por lamento e a alegria por tristeza. Humilhem-se diante do Senhor, e ele os exaltará." (Tg 4:7-10 NVI)

Muitos são seduzidos e enganados geralmente desde a infância, quando a desobediência chama sua atenção e os conduz para a destruição e separação de Deus (Gl 5). Gente assim não pode vencer o Diabo, simplesmente porque não há como vencer o pecado sem se render a Cristo. Pode parecer preconceituoso para muitos, mas, na verdade, quem não se render totalmente às verdades bíblicas (Jo 3) estará entre aqueles que escolheram a porta larga em vez da porta estreita que leva a Deus (Mt 7)!

Escolher a porta larga é o comportamento mais comum. Muita gente prefere a porta dos prazeres da carne, da satisfação desenfreada dos desejos, das escolhas próprias sem a orientação e proteção dos preceitos bíblicos – esse é o caminho das multidões. Para pintar um quadro representativo do comportamento das pessoas que escolhem esse caminho, quero demonstrar o seguinte: a porta larga possui uma serpente enrolada nos umbrais, seduzindo e incentivando pessoas a entrar por ela e seguir o caminho de satisfação do ego. Nessa caminhada, as pessoas desfrutam alguns momentos de prazer e muitos momentos de pavor e desespero, os quais as fazem cair em um redemoinho que as levará ao centro da Terra. Cada volta deixa as pessoas mais perto do lugar onde há fogo e enxofre, mas ninguém se importa com isso visto que estão muito preocupados em viver os prazeres da viagem. Ocasionalmente, tentam compensar os terrores que têm passado como pagamento à serpente, pois ela não cobra dinheiro: ela exige a honra e a vida dos seres humanos.

Por mais que os psicólogos, especialistas e cientistas tentem justificar esse comportamento, e geralmente o fazem com muita propriedade, somente a Bíblia pode dar a palavra final sobre as origens desse modo egocêntrico de viver. O hedonismo é motivado pela inveja (desejo de possuir o que pertence ao outro) e pelo orgulho (desejo de exaltar o que lhe pertence). As consequências finais para quem prefere ser guiado pelas palavras astutas e sedutoras da serpente são devastadoras. O caminho largo parece ser mais atrativo, fácil de caminhar, cheio de pessoas celebrando os prazeres do ego e demonstrando uma felicidade que pode durar pouco, ou pode durar até que se perceba que o lago de fogo e enxofre é inevitável para quem não crê.

Quando alguém olha para o fundo do abismo, não existe mais volta, porque quando a vida acaba, a chance acaba! É provável que, nessa hora, o grito de desespero, pavor e indignação mais comum seja: "Fui enganado! Fui enganado! Fui enganado! Enganado pelo olhar sedutor da serpente e pelo próprio ego!" (Hb 3:13; Ap 17:8).

Provavelmente, as serpentes no Éden eram animais magníficos, bonitos e atraentes, diferente das serpentes que conhecemos hoje (que mais assustam do que encantam). Elas possuíam e possuem, ainda, a fama de serem extremamente astutas, conforme o texto de Gênesis. Essas características das serpentes podem ter influenciado Satanás a escolher e a apossar-se de uma delas com o propósito de enganar a mulher logo no início dos relatos da criação.

Existe uma lenda sobre o olhar hipnotizador da serpente, ou especialmente a sucuri ou a anaconda: a lenda conta que se a vítima da serpente olhar para os olhos dela, ficará hipnotizada até que a serpente possa capturá-la. Embora seja apenas uma lenda, a serpente, Satanás, pode facilmente hipnotizar alguém despreparado com um olhar sedutor e poucas palavras fascinantes lançadas em sua mente. Nesse caso, o olho da serpente representa as próprias qualificações de Satanás e o poder que ele possui para seduzir e enganar. A atenção de Eva foi chamada para algo magnífico, lindo e espetacular, porém proibido: o fruto da árvore do conhecimento do bem e do mal. Depois disso, com astúcia, a serpente fez perguntas muito bem elaboradas que despertaram na mulher o desejo pelo fruto proibido:

> "Quando a mulher viu que a árvore parecia agradável ao paladar, era atraente aos olhos e, além disso, desejável para dela se obter discernimento, tomou do seu fruto, comeu-o e o deu a seu marido, que comeu também." (Gn 3:6 NVI)

Mas o olhar capturador da serpente, criador de ilusão e engano, foi lançado no momento em que a serpente disse à mulher que *Deus não havia dito a verdade sobre a árvore do conhecimento* e que Deus havia proibido o acesso ao fruto da árvore porque *se eles comessem dele seriam como Deus, conhecedores do bem e do mal.* A dúvida sobre a veracidade das palavras de Deus foi lançada e, em seguida, a suposta verdade para substituir a verdade única de Deus. É exatamente assim que os demônios atuam até hoje. Primeiro, lançam a dúvida sobre a verdade absoluta de Deus, como a divindade de Jesus, a inspiração das Escrituras, ou questões práticas como a moral cristã e a luta contra o pecado. Em seguida, a suposta verdade é lançada: "Jesus é apenas um grande profeta", "a Bíblia é ótima, mas suas palavras são apenas palavras de homens sábios", "não faz mal aceitar uma propina já que isso é algo comum por aqui", ou ainda, "isso não é pecado se sua consciência não o condena". Muitas vezes, quando se reconhece a mentira já é tarde demais!

> 1. A mentira: o ego é como Deus
> "Certamente não morrerão! Deus sabe que, no dia em que dele comerem, seus olhos se abrirão, e vocês, como Deus, serão conhecedores do bem e do mal." (Gn 3:4 NVI).

2. As consequências: sofrimento e morte

"Com o suor do seu rosto você comerá o seu pão, até que volte à Terra, visto que dela foi tirado; porque você é pó, e ao pó voltará." (Gn 3:19 NVI).

A sedução, o engano, a ilusão, a astúcia, o poder de persuadir ao mal, o poder de dissuadir da vontade perfeita de Deus e da obediência às determinações Dele e, ainda, o poder de capturar as pessoas convencendo-as a praticar o mal são especialidades de qualquer demônio – por mais miserável que o demônio seja na hierarquia das trevas, ele possui tais conhecimentos e habilidades. Assim é a ação maligna até hoje no meio da humanidade, pois os demônios podem despertar em suas vítimas o incrível desejo pelo mal, fazendo-as acreditar que o mal é aceitável e bom: mas como alguma coisa pode ser má e boa ao mesmo tempo? De fato, não pode, porém é assim que as pessoas satisfazem o desejo do próprio coração, muitas vezes sem saber que foram guiadas para cumprir o próprio desejo dos demônios, que com muita astúcia fizeram o que deve ser seu maior prazer: persuadir pessoas ao mal, dissuadir do bem e convencer de que a prática do mal é algo aceitável.

Não é de hoje que se sabe do poder de Satanás de hipnotizar, atrair e cativar os seres humanos, e com isso levá-los ao mais profundo abismo, mas existe um receio de se falar sobre esse assunto – muitos procuram evitar e, às vezes, repudiam quem fala sobre isso. Esse descaso e repúdio por uma verdade bíblica não é nada mais do que o olho da serpente fazendo efeito na mente de muitos que já estão sofrendo a ilusão de que o problema não existe e de que isso é coisa de pessoas sensacionalistas, ou, ainda, de que falar sobre "pecado, demônio e gente má é deselegante". Religiosos acreditam que a melhor forma de combater o inimigo é não o mencionar, ignorar que os demônios tenham algum poder de sedução, ilusão ou convencimento sobre alguém. Mas quando olhamos atentamente para as Escrituras e verificamos tudo que é falado sobre a ação de Satanás e comparamos isso com os nossos dias – tanto entre religiosos quanto na sociedade secularizada, ou na mente de indivíduos –, constatamos que a serpente continua lançando o mesmo olhar. As consequências são exatamente as mesmas, começando pela separação de Deus (Is 52:9). Ignorar essa realidade é a mesma coisa que ignorar a razão pela qual Jesus Cristo morreu e ressuscitou (Jo 3; Fp 2:5-11).

O olhar e as palavras da serpente provocam ilusões, mas é possível desmascarar suas intenções e vencer as ilusões graças à Revelação de Deus na Palavra! Sendo assim, o mecanismo que os demônios usam para iludir pode ser observado! Por exemplo: toda ilusão provocada nos sentidos de uma pessoa tem uma relação direta com a mente, assim como a ilusão óptica, onde o que se vê não é exatamente a realidade, mas parece algo que a mente aceita como realidade até que consiga discernir a verdade do engano. Assim, é possível combinar recursos como sons, imagens, cheiros, conceitos etc., a fim de persuadir as pessoas a acreditarem em quase tudo que os manipuladores pretendem. Esses recursos são usados por magos, videntes e charlatões desde a antiguidade. De outro lado, mágicos ilusionistas também usam recursos semelhantes para divertir e impressionar as pessoas, não necessariamente para enganá-las ou persuadi-las à prática do mal. Já no mundo do *business,* empresas de sucesso convencem pessoas a comprar qualquer coisa, fazendo-as acreditar que serão mais felizes, completas e realizadas se adquirirem um determinado produto, ainda que esse produto lhes faça mal ou as vicie (como bebidas e cigarros). Seitas e religiões pagãs (muitas delas com um título de religião cristã) espalhadas pelo mundo levaram e ainda levam as pessoas a acreditar e praticar coisas absurdas: a história mostra relatos a respeito de pessoas que foram iludidas e convencidas por líderes a praticar os atos mais degradantes imagináveis, como suicídio em massa, exclusão da sociedade, confinamento em lugares supostamente sagrado etc. A ilusão pode ser uma ferramenta de diversão para alguns, um instrumento de trabalho para outros, mas isso não é nada quando comparado ao poder que a ilusão tem para destruir a mente de pessoas despreparadas, levando-as ao erro e à total deterioração do ser.

É muito curioso, mas uma pessoa pode enganar ou iludir a si mesma também: veja as ações do ego em uma tentativa de defesa, por exemplo. Tais mecanismos de defesa podem fazer a pessoa acreditar ou desacreditar de qualquer verdade ou realidade que lhe seja dura demais para enfrentar. Então, um jeito mais fácil de resolver é acreditando ou desacreditando de algo, seja isso um ato consciente ou não, pois muitas vezes as pessoas preferem viver em um mundo de ilusão para não enfrentar a verdade ou a realidade. Isso é extremamente perigoso porque a ilusão acaba em algum momento e, então, o desespero se torna inevitável. Além disso, pessoas que vivem no mundo das fantasias são as presas mais fáceis para os enganadores, aproveitadores e mentirosos, incluindo os demônios que podem se aproveitar das fraquezas humanas e as empurrar de vez nos abismos psíquicos mais profundos.

Os demônios conhecem muito bem todas as técnicas para ludibriar e plantar a semente da mentira, utilizando a ilusão para persuadir pessoas ao erro, fazendo-as aceitar aquilo que deveriam repudiar. Os seres malignos são capazes de seduzir multidões de pessoas às mais diversas formas de embaraço, crenças heréticas, filosofias e conceitos perniciosos, levando-as ao abismo da morte e à separação definitiva de Deus. Não estou falando apenas de coisas visivelmente macabras como rituais de magia negra, vodu, despachos em encruzilhadas etc., mas de práticas religiosas que, para a maioria, é uma coisa pura e santa. Contudo, apenas por fora, porque na realidade o interior está cheio de engano e mentira, revestido com uma capa de falsa pureza!

Como podemos escapar das ilusões e viver com discernimento? Como podemos destruir as armadilhas de Satanás e jamais olhar para o olho da serpente? Como poderemos fazer tudo isso, sendo vitoriosos, já que vivemos em um mundo de ilusões?

Demônios, Ego e Sistemas Corrompidos pelo engano do mundo não conseguem resistir aos que clamam verdadeiramente por Deus, os que são chamados por Ele de *filhos*! Esses saíram das trevas da ilusão e do engano para a luz da verdade, por isso não podem mais ser enganados ou ludibriados por um sentimento falso de paz alimentada por intelectualismo, riquezas materiais, crenças pagãs e poder político. O verdadeiro filho de Deus vence o mundo e suas intempéries, não com os próprios recursos, mas com a verdade revelada pelo próprio Deus aos seus filhos (Sl 25) – a propósito, aos que com os seus próprios lábios confessam a Jesus como único Salvador (Rm 10:9); aos que tomaram o Cálice Sagrado e passaram das trevas para a luz. Aqueles que clamam "Aba Pai" ("Paizinho") e vivem revestidos com a armadura de Deus (Ef 6) certamente vencerão, pois possuem a verdadeira convicção de serem filhos amados do Pai.

> "Os que não creem tropeçam, porque desobedecem à mensagem; para o que também foram destinados. Vocês, porém, são geração eleita, sacerdócio real, nação santa, povo exclusivo de Deus, para anunciar as grandezas daquele que

> os chamou das trevas para a sua maravilhosa luz. Antes vocês nem sequer eram povo, mas agora são povo de Deus; não haviam recebido misericórdia, mas agora a receberam." (1 Pe 2:8-10 NVI)

É possível reconhecer claramente o sentimento de certeza de ser filho de Deus em um dos episódios mais impressionantes da vida de Jesus; nesse ponto vemos também a mais clara determinação para resistir às atrações do mundo, aos desejos da carne e aos enganos de Satanás: quando Ele levou os discípulos a um jardim chamado Getsêmani, em Jerusalém, logo após celebrar a última ceia. Ali, enquanto orava, disse uma palavra poderosíssima para aqueles que pretendem vencer as mais duras situações da vida, as ilusões do olho da serpente e, até mesmo, a morte. Essa palavra conecta o céu e a Terra em uma grande expressão de convicção sobre a ligação do Deus Filho com o Deus Pai. Jesus disse: *Abba Pai*, que em aramaico significa "Meu Pai". Ele estava plenamente certo de sua relação com o Pai e, mesmo naquele momento tão difícil, confiava plenamente n'Ele a ponto de dizer:

> "Abba, Pai tudo te é possível; passa de mim este cálice; contudo, não seja o que eu quero, e sim, o que tu queres." (Mc 14:36 NVI)

Em outro episódio impressionante Jesus, ao falar a uma multidão enquanto passava pela região da Galileia, ensinou aos seus discípulos que eles poderiam confiar plenamente em Deus e que deveriam viver como filhos Dele, buscando sempre a vontade do Pai. Nessa ocasião, Jesus ensina uma oração que se inicia com a palavra "Pai", o "Pai Nosso". Assim, todos que chamam a Deus de

Pai devem viver como filhos, buscando a vontade e a verdade que está no Pai. *Abba Pai* é uma declaração de fé, de amor e de obediência a Deus, e contra isso o mal não tem poder!

Hoje, após tantos séculos, a maioria dos cristãos já leu ou recitou a oração "Pai Nosso" pelo menos algumas vezes durante a vida. Os mais devotos chamam a Deus de Pai e já leram dezenas de vezes a oração de Jesus. Há também aqueles que rezam o "Pai Nosso" todos os dias, em uma ou mais ocasiões. Logo, podemos dizer que a maioria já proclamou essa oração centenas de vezes ao longo da vida! Mas as palavras devem ser acompanhadas pela verdadeira compreensão a respeito das quatro duplas de sentenças que Jesus ensinou aos discípulos. Então, o que Jesus disse na oração do "Pai Nosso"?

> *Pai nosso, que estás nos céus!*
> *Santificado seja o teu nome.*

1. Os filhos de Deus possuem um grande privilégio, o privilégio de serem os herdeiros do Criador do universo, e assim, na qualidade de filhos, devem refletir ao mundo a santidade do Pai. Aqueles que podem chamá-lo de *Abba Pai* certamente serão tratados como filhos amados do Pai, mas têm a responsabilidade de se comportarem como filhos Dele.

> *Venha o teu Reino; seja feita a tua vontade, assim na Terra como no céu.*

2. A vontade de Deus deve ser realizada pelos filhos, mesmo em detrimento de sua própria vontade, pois a vontade de Deus é sempre voltada para o bem dos seus filhos amados e para a glorificação do Pai.

Dá-nos hoje o pão nosso de cada dia.
Perdoa as nossas dívidas, assim como perdoamos aos nossos devedores.

3. O Senhor é o sustentador e provedor dos seus filhos em todos os sentidos, mas isso não exclui o fato de dependermos uns dos outros aqui na Terra para ganharmos o nosso pão de cada dia. Por isso, o relacionamento de amor e perdão deverá definir a qualidade de vida que você tem, bem como a sua prosperidade.

E não nos deixes cair em tentação,
mas livra-nos do mal...

4. O mal deve *escoar* e *sair*, *ir embora* da alma dos filhos de Deus para que sejam mais fortes contra os ataques implacáveis do tentador; portanto, o coração deve estar pronto, aberto e arrependido para que Deus, por meio de Jesus, o limpe de todo mal, o limpe do mal que está dentro e o proteja do mal que está fora.

O "Pai Nosso" é, na verdade, um clamor veemente a Deus, um pedido profundo para que Ele supra as necessidades mais fundamentais dos seres humanos. De forma geral, são duas grandes necessidades humanas:

a. O significado (podem ser consideradas pessoas muito importantes aquelas que realmente são filhas do Criador do Universo, pois recebem o privilégio de servir no Reino Dele quando clamam: *Aba, Pai*!);
b. A segurança (podem receber de Deus o perdão e, portanto, ser protegidas contra o terrível mal – ser seduzido

pelo tentador, aceitando as propostas indecentes dele a cada tentação, e o dos ataques de todo tipo de inimigos, os visíveis e os invisíveis: o mundo, o Diabo e o ego).

"Não deixar cair em tentação e livrar do mal" é entendido por muitos como "livrar do diabo". No entanto, a palavra *diabolos* não aparece aqui, a palavra usada é *poneru*, traduzida principalmente como depravação, iniquidade, fraqueza, malícia, desejos e propósitos maus, natureza má etc. *Poneru* se refere ao mal que está no ser humano. A evidência mais forte e principal aqui é a natureza humana tendenciosa a fazer o mal. Contudo, não podemos desconsiderar o fato de que o mal está relacionado também com alguma entidade maligna que costuma achar um jeito de assediar a mente e as emoções das pessoas. Essa possibilidade não pode ser excluída, pois o tentador, após obter sucesso com as suas tentações, adquire legalidade para afligir um indivíduo com formas de opressão psíquicas, emocionais ou físicas, passando a ser o próprio mal, o que infelizmente é muito comum entre os seres humanos. Há também a possessão maligna, um caso mais complexo no qual o indivíduo fica totalmente sob o controle do espírito do mal – a mente, as emoções, o corpo e provavelmente até o espírito da pessoa são dominados e controlados por essas entidades das trevas, como, é o caso do endemoninhado gadareno descrito nos Evangelhos (Mc 5; Lc 8).

As palavras "livrar ou libertar" do mal foram traduzidas da palavra grega *rusai* (verbo ριομαι, *rhuomai*), que significa "escoar"[3]. Uma sentença melhor então deve ser: "que o mal escoe de nós", ou seja, saia de nós bem para longe. Esse mal, seja ele o desejo tendencioso para realizar as propostas indecentes do tentador ou

3 THAYER, Joseph. *Thayer's Greek-English Lexicon of the New Testament: coded with strong's concordance numbers*. Peabody: Hendrickson Publishers, 1996.

alguma forma de opressão ou possessão maligna, deve escoar para longe, bem como as consequências da prática do mal.

Se Jesus estivesse falando do Diabo ou de outros demônios como sendo o único mal tratado nessa oração, poderia ter dito "Espírito Maligno". Satanás está incluído na ideia geral sobre o mal, de que as pessoas precisam de proteção e, em alguns casos, de verdadeira libertação. Porém, nesse texto, ele é apresentado como "tentador", aquele que está fora do indivíduo ou ao redor dele usando de artimanhas para seduzi-lo a praticar o mal, pois, como bem escreveu Tiago (1:13-14), a tentação surte efeito por causa dos desejos provenientes da nossa natureza maligna: "se alguém é tentado é pelo próprio mau desejo e não por Deus". Não cair ou entrar em tentação significa estar livre do mal que tornaria possível a queda. Isto é: estar livre da fraqueza ou do desejo de aceitar as propostas do tentador e de se tornar totalmente vulnerável ao ato pecaminoso e à ação dos demônios.

> "Cada um, porém, é tentado pelo próprio mau desejo, sendo por este arrastado e seduzido. Então esse desejo, tendo concebido, dá à luz o pecado, após ter se consumado, gera a morte." (Tg 1:14-15 NVI)

Nesse caso, "não deixar cair em tentação e livrar do mal" pode ser entendido como a proteção que necessitamos contra o mal causado pelos ataques do tentador que vem de fora e contra o mal que vem de dentro. Assim, a pessoa ficará livre e com uma armadura resistente (Ef 6).

É muito mais cômodo entender que a pessoa deve ser protegida de um ser maligno, maldoso e feroz que procura enganá-la e seduzi-la a cair inocentemente em seus encantos. Esse pensamento traz o entendimento de que o indivíduo pecador é uma vítima digna de misericórdia, que foi hipnotizada e seduzida pelo olho da serpente. Para o ego, é mais fácil aceitar essa ideia do que aceitar que há, na própria pessoa, uma natureza extremamente má, pecaminosa e ávida para desobedecer e satisfazer os desejos do ego. É assim que as pessoas lançam a própria culpa sobre os demônios fazendo deles uma espécie de salvadores ao avesso, alguém que alivia a consciência pecaminosa, distanciando-as do verdadeiro arrependimento e da expiação dos pecados oferecida apenas por Jesus Cristo, o único que foi morto e ressuscitou!

Sendo assim, entendemos que é fundamental relacionar o mal que aflige os seres humanos com duas realidades, que apesar de distintas em sua natureza se assemelham na sutileza e no poder de destruição. Refiro-me à natureza pecaminosa que cada ser humano possui. A ação dos seres malignos é tirar proveito dos nossos maus desejos. Demônios comandados por Satanás se imiscuíram nos sistemas corrompidos de um mundo degradado por maldade, orgulho, arrogância, insensibilidade, desamor, violência etc. e que opera nos filhos da desobediência (Ef 2:2).

O princípio de todo esse mal está vinculado aos seres mais antigos de que se tem conhecimento: Satanás e seus anjos malignos. Para Jesus e seus discípulos, a figura de Satã é bem real, pessoal e tem características bem específicas como enganador, mentiroso, falsário, cruel, oportunista e muitos outros adjetivos negativos usados pelo próprio Jesus, os quais serão vistos um pouco mais adiante.

Em outras religiões, também há a ideia de um ser espiritual maligno que atua contra a humanidade e que apresenta características, às vezes, semelhantes às dadas pelo cristianismo. No judaísmo, por exemplo, o Diabo aparece como o acusador, aquele que está angariando provas contra as pessoas para mostrar que elas não merecem o amor do Criador e, portanto, devem ser flageladas. No livro de Jó, o Diabo representa essa figura acusadora e maléfica causadora de destruição. Já no islã, existe uma figura chamada Shaitan. Ele é um disseminador de más ideias, um sedutor e enganador, e qualquer pessoa que der ouvidos a ele sofrerá as consequências do próprio erro, o erro de ter caído nas armadilhas e praticado o mal; não existe ação direta para flagelar as pessoas com doenças e loucura, por exemplo, apenas a tentação e o engano. De acordo com o islã, Shaitan foi expulso do paraíso por não louvar a Adão, a criação sublime de Deus. Essa foi a desobediência e o grande motivo para a revolta contra Alá e a criação, pois no Corão o maligno é o inimigo da humanidade, enquanto Alá é o amigo que procura alertar contra as astúcias do arqui-inimigo Shaitan.

Contudo, nas outras religiões há uma mudança drástica de pensamento, embora sempre apareça algum ser motivador do mal: no budismo, por exemplo, não existe Diabo, mas existe um sujeito que tipifica o Diabo – Mara faz o papel de tentador, enganador e manipulador. Mara tentou Gautama Buddha, oferecendo-lhe lindas mulheres para seu prazer pessoal. O que Mara quer é tirar a atenção das pessoas da disciplina espiritual, levando-as a atitudes, pensamentos e sentimentos negativos, como pensamentos impuros ou mesmo desejos obsessivos relacionado à glutonaria, à sexualidade, ao egoísmo e a outros pecados da carne.

Em contraste com as tradições judaica, cristã e islâmica, o hinduísmo não especifica nenhuma personagem maléfica principal como o Diabo ou outros chefões do mal, mas reconhece que as pessoas podem realizar atos de maldade quando dominadas temporariamente por entidades conhecidas como *asuras*. Rahu seria o personagem mais próximo do Diabo, embora aquele possa encarnar Vishnu para destruir o mal quando ele se torna muito forte.

É como se um demônio tentasse vencer o outro. O próprio Rahu encarna um lado bom dele mesmo para equilibrar o mal que ele próprio causou, dando mais uma vez a ideia de que o bem e o mal são necessários e devem conviver juntos.

Nas religiões africanas, no ioruba original, o Olodumaré é a fonte suprema de tudo, inclusive do bem e do mal. Ele é um deus bom e mau ao mesmo tempo. O Diabo, portanto, como força contrária ao equivalente do Deus monoteísta, não tem lugar, uma vez que Olodumaré existe como as duas entidades em uma só. Exu, mesmo identificado com atitudes más se comparado à moral bíblica, é para os seus seguidores um orixá, ou seja, foi criado por Olodumaré. Desse modo, nunca atuaria contra os princípios de seu criador, o que coloca Olodumaré em uma posição de executor do bem e do mal, um deus não totalmente bom e nem totalmente mal. Esse princípio é semelhante ao descrito na filosofia do Yin e Yang no budismo ou do Rahu no hinduísmo: o mal não é totalmente mau e o bem não é totalmente bom, portanto, o deus é bom e mau ao mesmo tempo.

Esse panorama da figura de Satanás em algumas das principais religiões é suficiente para ver que ele é capaz de aparecer disfarçado de anjo de luz, bom e amigável, mas revelando-se no tempo oportuno como um predador voraz pronto para destruir a vida e a alma daqueles que permitirem. Portanto, como disse Pedro:

> "Estejam alerta e vigiem. O Diabo, o inimigo de vocês, anda ao redor como leão, rugindo e procurando a quem possa devorar." (1 Pe 5:8 NVI)

Discernindo os enganos de satanás

Muita gente prefere viver acreditando na ilusão de que Satanás e os demônios são apenas figuras mitológicas ou folclóricas, assim ninguém precisa se preocupar ou ficar atento aos relatos sobre as ações devastadoras desses seres na Bíblia. Outros preferem acreditar que basta não falar sobre esse assunto que o Diabo não aparece. Porém, os mais iludidos são aqueles que afirmam não acreditarem nos relatos bíblicos sobre Satanás e os demônios, uma vez que se declaram cristãos, mas acreditam que basta não dar ibope ao Diabo e impedir qualquer um que queira falar sobre esse assunto para estarem protegidos de qualquer coisa que venha das trevas. Esses desconsideram o fato de que a Bíblia fala muito sobre esse assunto e sempre que fala sobre as ações dos demônios é com muita seriedade; portanto, esse não é o tipo de matéria que deveria ser ignorado, procrastinado e, muito menos, impedido de ser exposto, embora seja exatamente isso que os demônios esperam.

De Gênesis a Apocalipse a figura do anjo caído aparece como príncipe deste mundo, o enganador capaz de se disfarçar de anjo bom para cumprir seus propósitos malignos. Ele é aquele que ilude e seduz os seres humanos à prática do mal; o ser com impressionantes poderes e autoridade no império das trevas, da maldade e de toda a corrupção onde ele é o rei. Como todo rei, ele tem os subordinados que também são poderosos. Tratam-se dos príncipes e dos poderes que estão sob o controle de Satanás: os principados e as potestades do mal – seres espirituais que trabalham em perfeita harmonia entre si a fim de causar todo tipo de maldade imaginável e inimaginável onde quer que eles estejam. Jesus disse que o reino de Satanás não trabalha dividido, isso indica que o poder deles pode ser maior do que podemos imaginar.

> "Todo reino dividido contra si mesmo será arruinado, e uma casa dividida contra si mesma cairá. Se Satanás está dividido contra si mesmo, como o seu reino pode subsistir?" (Lc 11:17-18 NVI)

Talvez alguém pergunte sobre a quantidade de demônios que está sob o governo de Satanás: isso na verdade não podemos saber, mas é certo que são muitíssimos – talvez milhões ou trilhões de seres malignos. Quando Jesus expulsou os demônios de um gadareno, por exemplo, ele perguntou aos demônios como se chamavam e eles responderam "legião", indicando ser uma quantidade enorme de demônios em uma única criatura (Lc 8:26-34).

Se uma pessoa estiver atormentada por uma legião desses demônios, será que existe uma população deles maior do que a população do planeta Terra? É bem provável que sim: mais de um demônio para cada pessoa na face da Terra é uma hipótese plausível, assim, ainda que o planeta venha a ter uma superpopulação, sobrarão demônios por toda parte. No entanto, Jesus simplesmente ordenou que saíssem do gadareno e eles foram obrigados a sair, entrando nos porcos que estavam por perto e os fazendo se precipitarem do despenhadeiro. Quando agimos com fé e submissão a Jesus, ele mesmo opera em nós esse poder, o poder que nos capacita a amarrar o valente e mandar embora os demônios, não importa quantos sejam.

Então, quantos eles são não importa, o importante é que eles estão por aí e nós devemos saber como lidar com isso (I Pe 5:9).

Além de ferozes, os demônios são seres inteligentes, possuem poder sobre-humano e não estão sujeitos às leis da Física. Cada um desses seres malignos usa seus atributos a serviço de Satanás, mesmo assim sabem quem é Jesus e conhecem sua autoridade e seu poder sobre eles.

Em uma sinagoga, um homem possesso de um espírito imundo gritou:

> "O que queres conosco, Jesus de Nazaré? Vieste para nos destruir? Sei quem tu és: o Santo de Deus!" (Mc 1:24 NVI)

Os demônios também se prostram diante de Jesus, não para adorá-Lo e se arrepender dos pecados, mas com medo de sua autoridade e de seu poder (Mc 5:6). Eles ainda reconhecem que Jesus é o Filho do Deus Altíssimo (Mc 1:27; 5:7). Sabem que estão nas trevas e, mesmo assim, não podem desobedecer à ordem de Jesus (Lc 8:28). Nenhum demônio confessa que Jesus veio em forma humana e que procede do Deus vivo, embora saibam muito bem que isso é verdade (I Jo 4:2).

Os demônios, quando são expulsos de alguém, saem à procura de descanso em lugares ermos, mas podem voltar à sua antiga casa quando não encontram descanso em outro lugar. Se encontrarem a antiga casa vazia, sem Jesus na vida do ex-endemoninhado, eles entram outra vez e trazem ainda mais demônios com eles, tornando o estado dessa pessoa pior do que antes.

> "Quando um espírito imundo sai de um homem, passa por lugares áridos procurando descanso, e, não o encontrando, diz: 'Voltarei para a casa de onde saí'. Quando chega, encon-

tra a casa varrida e em ordem. Então vai e traz outros sete espíritos piores do que ele, e entrando passam a viver ali. E o estado final daquele homem torna-se pior do que o primeiro." (Lc 11:24-26 NVI)

É difícil saber até que ponto os demônios se dedicam a destruir a vida dos incrédulos – estes já fazem isso tão bem sem a ajuda dos demônios! Agora, imaginem se esses espíritos malignos resolvessem dar um empurrãozinho? Aliando-se aos seres humanos ou incitando os pecados deles, os demônios podem levá-los às últimas consequências: à morte física e ao afastamento permanente da presença de Deus, isto é, à morte do espírito ("O salário do pecado é a morte..." – Rm 6:23). Os ímpios estão caminhando para a segunda morte, que é a morte do espírito, a separação permanente da Graça propiciada em Jesus Cristo. Assim, ludibriados pelo Diabo, não sabem que é preciso lutar contra ele e acabam se associando aos demônios para a própria destruição.

Por outro lado, aqueles que creem de fato na Bíblia sabem que a batalha espiritual existe e que os verdadeiros crentes devem ser lutadores que não lutam com armas humanas, mas com armas espirituais (Rm 13:12; 2 Co 6:7; 10:4). Enquanto os incrédulos estão prostrados diante de Satanás, enganados e iludidos quanto à existência e às ações dos seres malignos, os fiéis do Senhor lutam contra principados e potestades, contra as forças espirituais do mal e contra o império de Satanás, e ainda lutam firmemente contra o pecado. Pois aqueles que querem honrar a Deus não podem fugir dessa batalha ou ser iludidos, uma vez que o próprio Deus os capacita com discernimento para saber o que é verdade e o que é ilusão e lhes mostra equilíbrio para saber o que é moderação e o que é exagero. Esses não conhecerão a segunda morte!

"Aquele que tem ouvidos ouça o que o Espírito diz às igrejas. O Vencedor de modo algum sofrerá a segunda morte." (Ap 2:11 NVI)

Enquanto muitos ainda não creem no que a Bíblia diz sobre esse assunto, outros, segundo suas próprias palavras, já fizeram supostas viagens ao inferno e depois retornaram. Há também os que dizem conduzir outros ao inferno e retornar ao mundo real, como uma espécie de guia turístico das trevas. Na Bíblia, não existe nada parecido com essas histórias produzidas pela mente de pessoas carentes que querem impressionar aos outros. Normalmente, esses discursos são bem convincentes pela emoção e pelo entusiasmo do palestrante, mas com nenhuma veracidade se compararmos à Palavra de Deus. A Bíblia fala que Jesus desceu ao *hades* (inferno) para pregar aos espíritos aprisionados (I Pe 3:19). Fala também de um homem rico que se viu no inferno e lamentava por estar lá; então, ao ver Abraão, pediu-lhe que mandasse Lázaro para aliviar um pouco da dor que estava sentindo, mas Abraão lhe disse que era impossível passar de um lado para o outro (Lc 16). É lamentável que haja tanta gente nos extremos da ignorância e da ilusão espiritual, sem o mínimo de moderação, equilíbrio e lucidez em relação à Verdade.

Somente a Palavra de Deus pode mostrar a verdade enquanto o Espírito Santo convence as pessoas do pecado, da justiça e do juízo. E a verdade é que Jesus pode descer à Terra, ir ao *hades*, voltar para Terra e subir ao céu, de onde um dia retornará sob as nuvens e, mais uma vez, por um milênio, durante o qual reinará até subjugar definitivamente Satanás e os seus anjos (Jo 3; Fp 2:5-11; I Pedro 3:19; Lc 1; At 3; Ap 20-22). Jesus faz isso porque ele é Jesus e está acima de tudo (Fp 2:5-11). Muita gente vê a figura de Satanás como o príncipe do inferno, o chefe que manda atormentar as almas penadas para sempre. Contudo, ele não é o príncipe do inferno, mas sim o príncipe dos demônios (Mt 9:34; Lc 11:15)! A Bíblia diz que Satanás é também o príncipe deste mundo (Jo 12:31; 14:30; 16:11; Ef 2:2). O inferno não é o castigo eterno somente para os incrédulos, é o castigo eterno para ele também (Ap 20-22). As pessoas devem ser verdadeiramente convencidas: do pecado, da justiça e do juízo, principalmente o pecado de trocar a verdade por invenções e histórias irreais que, às vezes, são usadas para dar mais emoção aos discursos. Isso é de fato incredulidade quanto ao poder da verdade revelada na Palavra de Deus, pois a verdade não precisa de nada a mais e nada a menos!

> "Quando ele vier, convencerá o mundo do pecado, da justiça e do juízo. Do pecado, porque os homens não creem em mim; da justiça, porque vou para o Pai, e vocês não me verão mais; e do juízo, porque o príncipe deste mundo já está condenado." (Jo 16:8-11 NVI)

Apesar de tudo isso os demônios não desistem e estão estrategicamente posicionados contra os cristãos, a igreja, o Reino de Deus aqui na Terra: brigas, ciúmes, mentiras, fofocas, maledicência, falsas doutrinas, filosofias e conceitos conflitantes, divisões na Igreja e nos lares, adultério, materialismo, egoísmo etc. Certamente, as pessoas enredadas nessas coisas contam com a contribuição de seres malignos – ainda que sejam ações realizadas por seres humanos, os demônios sabem como motivar e potencializar o mal. Embora eles estejam condenados, o texto diz que ainda não estão aprisionados. A verdade é que o Diabo e seus anjos estão soltos, o aprisionamento deles se dará apenas nas ocasiões indicadas no Apocalipse (20:1-2 NVI):

> "Vi descer dos céus um anjo que trazia na mão a chave do abismo e uma grande corrente. Ele prendeu o dragão, a antiga serpente, que é o Diabo, Satanás, e o acorrentou por mil anos."

Ainda haverá outra ocasião em que Satã será solto novamente (Ap 20:7-8 NVI):

> "Quando terminarem os mil anos, Satanás será solto de sua prisão e sairá para enganar as nações que estão nos quatro cantos da Terra..."

Infelizmente, alguns fiéis estão despercebidos e iludidos, acreditando que os demônios e as ações deles são histórias de um tempo remoto perdido no passado e que hoje, portanto, não precisamos mais saber sobre isso. Uma brecha tem sido aberta para o inimigo, dando-lhe lugar ou deixando-lhe aprisionar as pessoas em uma vida de ilusão. Veja o que diz a Bíblia:

> "Quando vocês ficarem irados, não pequem. Apaziguem a sua ira antes que o sol se ponha, e não deem lugar ao Diabo." (Ef 4:26-27 NVI)

Certamente pessoas *iradas oferecem um fortíssimo ponto de apoio ao Diabo.* Sabendo disso, o apóstolo Pedro não deixou de alertar sobre quem de fato são os inimigos e contra quem se deve lutar, deixando ainda claro que as emoções negativas (como a ira indomável) atraem a atenção dos demônios e permitem sua ação na vida da pessoa irada. Por isso, o aviso:

"Estejam alertas e vigiem. O Diabo, o inimigo de vocês, anda ao redor como leão, rugindo e procurando a quem possa devorar." (1 Pe 5:8 NVI)

Como dito antes, no mundo celestial existem seres hierarquicamente organizados em categorias e poderes diferentes que, ao se rebelarem contra Deus, foram expulsos da presença Dele. Esses príncipes e poderes se reorganizaram em uma legião de anjos, tendo como líder o próprio Satanás. Agora, eles estão por perto, cada legião com seu próprio reinado, e cada um desses reinos tem estratégias para corromper a humanidade. Por esse motivo, Jesus chamou Satanás de Belzebu, que quer dizer "o senhor *(baal)* das moscas", ou "gênio que preside a corrupção". Jesus se referia à atividade dos espíritos malignos comandados por Satanás. Podemos dizer então que os demônios são atraídos velozmente pelo menor odor de imoralidade, injustiça, mentira, feitiçaria e que, como moscas, depositam seus ovos de destruição.

Existem três níveis de atuação maligna para corromper a humanidade. Esses níveis ou reinos malignos são liderados por príncipes e poderes que atuam de formas diferentes, mas com o mesmo propósito: destruir a vida das pessoas. Mas não apenas a vida terrena ou o corpo físico; tudo que os demônios fazem tem o propósito definido de destruir a alma humana.

- O *primeiro reino* é organizado especificamente para influenciar cada indivíduo, afetando-o psicológica, espiritual e fisicamente. O objetivo desse reino satânico é fazer com que as pessoas cedam aos desejos da natureza humana, acreditem em filosofias e doutrinas que não são compatíveis com a Palavra de Deus. Ele leva as pessoas a participarem de religiões que, direta ou indiretamente, cultuam ao próprio Diabo (I Co 10:19-21). Às vezes, essas pessoas levam uma vida de riqueza e fartura, sempre apegadas aos bens terrenos, outras vezes vivem na miséria e enfermidades de tal forma que os filhos geralmente são afetados e acabam reproduzindo a vida miserável dos pais. Esse reino ainda pode levá-las a pensar em suicídio ou mesmo a cometer suicídio; pode também levá-las a usar drogas, bebidas, participar de jogos de azar, ganhar dinheiro de forma ilícita ou com prostituição e pornografia etc.

- O *segundo reino* é especializado em corromper a cultura dos povos, que é composta por diversos elementos dominados pelos príncipes e poderes do mal. Por isso, é necessário ter cuidado ao considerar os elementos de uma cultura ou o folclore de um povo como totalmente inofensivo, pois os demônios estão também por trás disso. O que parece muito inofensivo e doce pode estar contaminado com as sujeiras de Satanás. Tanto os hábitos de um povo quanto as ideias, a fé popular e os valores de uma nação são alvos certos para a ação paciente e perspicaz dos demônios em corromper e disseminar o reino de Satanás. Certamente, os missionários espalhados pelo mundo e em contato com povos de diversas culturas, podem afirmar que *em todas as culturas, o pecado e o reino de satanás estão presentes.*
- O *terceiro reino* estabelece suas fronteiras no campo da sociedade secularizada. Nas estruturas sociais corrompidas e corruptoras, há pessoas enganadoras e fraudulentas que caracterizam o reinado de um principado diabólico. Ninguém consegue fechar os olhos enquanto as notícias de corrupção focalizam cada instituição política brasileira ou de qualquer

outro país. É impossível não ver, no sistema político e socioeconômico dos países, os dedos nojentos do Diabo que privilegia a minoria enquanto a maior parte da população vive na pobreza ou na absoluta miséria, vive guerras devastadoras, vive em sistemas opressores e escravizantes, além de inúmeras outras barbáries cometidas por pessoas que lideram grupos étnicos ou mesmo uma nação. As estratégias de Satanás não se limitam a deixar milhões na miséria, elas podem também levar um povo à prosperidade e à riqueza, fazendo-o se esquecer totalmente da fé em Jesus ou mesmo de acreditar em Deus e tornando-o materialista e voltado para o próprio ego.

Na saúde, nos esportes, nos transportes, na economia e na educação existem demônios poderosos procurando controlar cada setor da sociedade em que vivemos. Não podemos vê-los com nossos olhos ou em nossos olhos, mas os vemos nos olhos de muitos políticos, empresários e banqueiros cujo olhar parece muito com o da serpente no Éden: o olho enganador!

O apóstolo Paulo disse que "nós não estamos lutando contra gente feita de carne e sangue, mas contra pessoas sem corpo – os reis malignos do mundo invisível, esses poderosos seres satânicos e grandes príncipes malignos das trevas que governam este mundo; e contra um número tremendo de maus espíritos no mundo espiritual" (Ef 6).

Observando a ordem hierárquica que o apóstolo apontou em Efésios 6, teremos o seguinte:

Methodeías toû diabólou, meqodeias tou diabolon – Planos de ação do Diabo para iludir e enganar as pessoas. Esses planos malignos contam com um exército de seres bem organizados.

Fazem parte desse exército os seguintes seres:

- Os principados (*arkás*, arcas) – Príncipes ou reis malignos. Estão abaixo de Satanás, porém possuem autoridade para decidir as coisas. São os que ocupam os primeiros lugares sobre o mundo, provavelmente reinando sobre as nações.
- Poderes (*exousías*, esousias) – Seres com grande poder e capacidade para manipular e influenciar os altos escalões da humanidade. Também têm permissão de seus superiores para decidir a sua ação. Provavelmente, eles são colocados para governar estados.
- Dominadores do mundo (*kosmokrátoras*, kosmokratoras) – Seres que dominam mais de perto as cidades do mundo, os sistemas políticos, sociais e religiosos. Os dominadores estão sob o comando dos *exousías* e dos *arkás*, e parecem executar as ordens de seus superiores utilizando-se de uma multidão de *pneumatika tes ponerias tois epouraniois* – espíritos malignos que povoam as regiões celestiais.
- Espíritos malignos que povoam as regiões celestiais (*pneumatika tes ponerias tois epouraniois*, pneumatika ths ponhrias en tois epouraniois) – Seres espirituais do mal que parecem obedecer a ordens diretas dos *kosmokrátoras*. São os batalhões do exército de Satanás. Esses espíritos malignos são enviados para as casas, becos, lugares públicos, escritórios, oficinas, igrejas, reuniões religiosas e espíritas, enfim, para todos os lugares onde as pessoas estão, a fim de influenciar, dominar e até possuir aqueles que estão desprotegidos. Eles são os espíritos imundos que habitam em lugares consagrados aos demônios, objetos, animais e pessoas que os invocam consciente ou inconscientemente (v. Mc 5).

Já constatamos que os inimigos estão em todos os ramos da sociedade e são organizados hierarquicamente, agora precisamos conhecer com mais detalhes as estratégias que eles usam para tentar influenciar, dominar e destruir os cristãos com as suas armadilhas do mal. Mais precisamente: eles querem prejudicar a igreja de Cristo Jesus e impedir que mais pessoas sejam salvas (I Pe 5:8-9).

Enfraquecendo a fé e o amor

A fé e o amor são as principais marcas do Espírito Santo que distinguem os verdadeiros cristãos daqueles que não são. Aqueles que receberam a Jesus Cristo como Salvador e Senhor de suas vidas possuem a incomparável luz que os faz brilhar em um mundo de completa escuridão, ilusões e enganos.

Vamos chamar de fé e amor a essa luz, embora a santidade, a paz, a alegria e as outras características do fruto do espírito também fazem a luz brilhar fortemente. Contudo, o alvo mais importante para o Diabo é a fé e o amor, porque ele sabe que enfraquecendo o escudo da fé (Mt 24:9-13) e o poder do amor, as outras proteções caem simultaneamente (I Co 13).

Sabemos que Jesus nos dará a vitória completa no final, mas por enquanto devemos batalhar porque os inimigos continuarão agindo com ferocidade para prejudicar aqueles que creem e amam o Senhor. Eles sabem que não poderão levar nenhum crente verdadeiro para o inferno, mesmo assim, continuam lutando para acusá-los, envergonhá-los e para impedir o poder da fé e do amor que possuem e da qual devem se apropriar como se estivessem vestindo uma armadura para a batalha (Ef 6).

A probabilidade é que a luta aumente cada vez mais ao nos aproximarmos do fim. Os dias que precedem a segunda vinda do Senhor Jesus serão marcados por uma enorme fúria de Satanás.

A Bíblia traz algumas passagens que caracterizam esses dias finais:

> "Jesus respondeu: 'Cuidado, que ninguém os engane. Pois muitos virão em meu nome, dizendo: 'Eu sou o Cristo!' e enganarão a muitos. Vocês ouvirão falar em guerras e rumores de guerras, mas não tenham medo. É necessário que tais coisas aconteçam, mas ainda não é o fim. Nação se levantará contra nação, reino contra reino. Haverá fome e terremotos em vários lugares. Tudo isso será o início das dores'." (Mt 24:4-8 NVI)

Na primeira fase dos acontecimentos que precederão a volta de Jesus e o fim do mundo, estão os falsos profetas e falsos cristos, que se proliferarão. Na segunda fase, haverá guerras e tremores de terra. Mas ainda há outra fase, a terceira, em que A FÉ E O AMOR SE ESFRIARÃO.

> "Então eles os entregarão para serem perseguidos e condenados à morte, e vocês serão odiados por todas as nações por minha causa. Naquele tempo muitos ficarão escandalizados, trairão e odiarão uns aos outros, e numerosos falsos profetas surgirão e enganarão a muitos. Devido ao aumento da maldade, o amor de muitos esfriará, mas aquele que perseverar até o fim será salvo." (Mt 24:9-13 NVI)

1. Falsos profetas e falsos cristos
2. Guerras e tremores de terra
3. A fé e o amor de muitos esfriarão!

Quando falamos sobre muitos crentes caírem no pecado (porque houve um esfriamento da fé) e se odiarem mutuamente (também porque houve o esfriamento da fé), não parece nenhuma novidade, já que isso acontece muito em nossos dias. O que estamos falando é que isso vai se intensificar ainda mais nos dias que precederão a volta de Jesus por causa do sofrimento e da perseguição aos que creem em Jesus.

A perseguição também se intensificará e levará muitos crentes a serem torturados e mortos enquanto defendem a fé em Jesus. Nos últimos dias, essas coisas serão intensificadas a tal ponto que muitos abandonarão a fé; o ódio e a traição serão ainda mais horrorosos; enquanto o amor se esfriará completamente.

> "Então vocês serão torturados e mortos, e odiados no mundo todo, porque são meus."

As palavras de Jesus descritas por Mateus certamente não são as mais agradáveis aos ouvidos das pessoas afetadas pela doutrina pagã do positivismo, triunfalismo material e conforto com os prazeres deste mundo. Essas são palavras fortes que exigem completa confiança no Senhor, tanto para ouvi-las como para entendê-las e aceitá-las. Portanto, sugiro consultar também o livro *O Cálice Sagrado*. É necessário entender que o Senhor tem planos de bênçãos e prosperidade para todos que cumprem fielmente a Aliança feita com Ele na pessoa de Jesus Cristo, o que não impede que compreendamos quais serão as consequências da aproximação dos dias finais – em que a fúria de Satanás deverá aumentar ainda mais, principalmente contra aqueles que amam o Senhor. Mas o Senhor também nos ama, na verdade, Ele nos amou primeiro (I Jo 4:19) e saberá exatamente o que fazer para nos dar a vitória em qualquer momento!

Percebe-se, portanto, que sem a fé e o amor é impossível enfrentar a batalha espiritual e sair vitorioso; apenas os cristãos verdadeiros que possuem a fé e o amor genuíno em Jesus poderão resistir aos ataques do inimigo nesses dias, pois é na qualidade de filho do Deus vivo, pela fé no Salvador Jesus, que a vitória está garantida. E Jesus jamais decepciona!

> "Mas graças a Deus, que nos dá a vitória por meio de nosso Senhor Jesus Cristo!" (1 Co 15:57 NVI)

Sabendo que a fé em Jesus e o amor verdadeiro que procede dele são tão importantes para a vida da igreja, é de esperar que Satanás venha a atacar exatamente esses pontos. Jesus nos advertiu sobre isso e também mostrou como o inimigo costuma atacar para enfraquecer a fé e o amor: primeiro, invertendo os valores, mas também perseguindo a Igreja ou enviando seus agentes malignos para dentro dela.

Valores invertidos

Jesus mesmo verificou os valores invertidos em muitas situações relacionadas a diversos objetos e costumes do seu povo, como o templo de Jerusalém, as tradições dos antigos, os rituais, o sábado e o clérigo eram, para muitos, mais importantes do que o próprio Messias (Jesus), mais importante do que o povo e até mais importantes do que a própria vontade de Deus.

Quando Jesus disse aos escribas e aos fariseus que eles davam o dízimo até da última folha de hortelã das suas plantações, mas se esqueciam das coisas importantes como justiça, misericórdia e fé (Mt 23:23-28), ele estava dizendo que não adiantava fazer uma coisa sem a outra. Mas quando Jesus falou sobre a dedicação do dinheiro ao templo, como alguns faziam com a intenção de se livrar da obrigação de ajudar seus pais na necessidade, percebemos que Jesus quis mostrar o quanto eles amavam mais o dinheiro do que os próprios pais, amavam mais o dinheiro do que os necessitados e, consequentemente, amavam mais o dinheiro do que o próprio Deus. Esse é um exemplo da completa inversão de valores daquela época (Mc 7:11).

Os oito "ais" de Jesus contra os hipócritas também demonstram claramente essa inversão de valores quando o ouro do templo passou a valer mais do que o altar que o santificava (Mt 23:16-22). O dízimo passou a valer mais do que a justiça, a bondade e a obediência a Deus (Mt 23:23-24). O exterior e as aparências passaram a ser mais importantes do que o interior e a verdade (Mt 23:25-27).

As coisas materiais, a beleza e os prazeres impressionam e seduzem as pessoas, por isso se tornam armas poderosas para serem usadas contra a igreja. Os próprios discípulos de Jesus, ainda imaturos, foram seduzidos pela beleza do templo de Jerusalém, o que os levou a mostrá-lo para Jesus. Podemos imaginar como eles diziam admirados: "Que belíssimo templo!".

Hoje em dia, muitas pessoas fazem o mesmo quando entram em uma enorme catedral ou em um lindo templo revestido de mármore e com assentos estofados: "Que belíssimo templo! Veja quc igrcja bonita!".

Porém, a mesma resposta de Jesus à admiração dos apóstolos serve para as pessoas que pensam na igreja como se ela fosse um prédio de tijolos e cimento, ou que a igreja boa para se frequentar é aquela que tem uma propriedade grande e um templo luxuoso. Muitos já não conseguem mais enxergar a igreja sem o templo, e outros consideram que fazer parte dela significa frequentar um templo, fazer alguma oração ou atividades eclesiásticas "no templo". Mas Jesus disse:

> "Eu lhes garanto que não ficará aqui pedra sobre pedra; serão todas derrubadas." (Mt 24:2 NVI)

É verdade que Jesus está se referindo ao templo de Jerusalém e não aos prédios de hoje, mas se o mesmo apego a prédios e objetos sagrados que ocorria naquela ocasião se der na atualidade, então, o mesmo princípio é válido agora: nenhum objeto, dinheiro, ritual ou costumes deveria estar acima de Deus ou das pessoas! Deus é digno de ser acreditado, amado, honrado, louvado e adorado acima de todas as coisas. A Ele pertence toda glória (Sl 104:1), mesmo assim, Deus dá tanto valor à vida humana que Ele mesmo deixou sua glória por ela e morreu por todos nós (Fp 2:5-11). Os templos, os rituais, as burocracias etc., embora tenham seu valor, são coisas efêmeras. A admiração dos discípulos foi o gancho que Jesus esperava para prever a destruição do templo de Jerusalém, que ocorreu em 70 d.C., quando o general Tito conquistou a cidade e derrubou o templo. Jesus mostrou que o amor às coisas só traz frustração e o esfriamento da fé!

Outro episódio impactante do ministério de Jesus que demonstra como as pessoas frequentemente dão mais valor ao que tem menos valor foi o episódio junto ao poço de Jacó. Quando Jesus conversava com uma mulher samaritana (Jo 4), ele confrontou a crença dos samaritanos sobre o monte Gerizim: os samaritanos supervalorizavam o monte Gerizim como o "lugar sagrado de adoração", enquanto os judeus se vangloriavam do templo de Jerusalém. Mas veja o que Jesus respondeu às indagações da samaritana:

> "Jesus declarou: 'Creia em mim, mulher: está próxima a hora em que vocês não adorarão o Pai nem neste monte, nem em Jerusalém... No entanto, está chegando a hora, e de fato já chegou, em que os verdadeiros adoradores adorarão o Pai em espírito e em verdade. São estes que o Pai procura. Deus é espírito, e é necessário que os seus adoradores o adorem em espírito e em verdade'." (Jo 4:21-24 NVI)

Não se trata do lugar onde adoramos, mas como adoramos: Jesus corrige o erro simplesmente mostrando que "a atitude interior do adorador em relação a Deus é o que realmente tem valor"; a questão geográfica é insignificante quando comparada com a questão da adoração espiritual e verdadeira. Até mesmo o templo de Jerusalém ou o monte sagrado não valiam nada se Deus não estivesse lá.

Certamente, valorizamos as coisas que mais amamos e acreditamos. Se isso é assim, então muitos "adoradores" estão provando que amam mais os objetos de adoração do que o próprio Deus e amam mais as coisas do templo, os rituais e cerimônias do que as pessoas! Os lugares sagrados, os templos, os rituais, as roupas sacerdotais e outros artefatos sempre estarão acima de Deus apenas para os religiosos, os legalistas e os hipócritas. E uma vez que o valor da fé e o amor estiverem invertidos, eles congelarão!

Perseguindo a igreja

No início da era cristã, as perseguições contra a igreja foram muito violentas. Os crentes eram devorados por animais nas arenas, outros eram crucificados e outros, ainda, queimados, mas mesmo assim o número de cristãos aumentou e o Evangelho se espalhou pelo mundo inteiro. A persistência dos crentes era tão grande que mereceu ser registrada pelo governador da região da Bitínia – hoje a costa norte da Turquia –, Plínio (111 d.C.).

Plínio enviou uma correspondência a Trajano na qual ele dizia: "... é impossível obrigar os verdadeiros cristãos a fazerem estas coisas" (GONZÁLEZ, 1989). *Fazer estas coisas* dizia respeito a negar que eram cristãos e a se curvarem aos deuses e aos imperadores romanos. Os verdadeiros cristãos não foram abalados pelas perseguições, mas, provavelmente, o amor de alguns se esfriou a ponto de negarem a fé em Jesus Cristo. Não há dúvida de que o Diabo usa o recurso da perseguição para esfriar a fé e o amor, conseguindo êxito na vida daqueles que vivem um "cristianismo superficial", que ainda não estão totalmente convictos de sua fé em Jesus e que, por isso, desistem no primeiro obstáculo que aparece durante a batalha. É claro que isso pode ser aplicado também para aqueles cristãos nos dias de hoje que desistem logo que encontram a primeira barreira, negando a fé e desistindo da igreja e de seguir Cristo.

Diante de perseguições, os crentes podem ser levados a pensamentos negativos como: "Onde está Deus nessa hora para me ajudar? Parece que Deus me abandonou!". Esse tipo de questionamento reflete a chama da fé querendo se enfraquecer. Reflete também a natureza humana limitada e pecaminosa que não consegue acreditar em Deus, mesmo Ele tendo alertado sobre as inevitáveis perseguições que sofreriam quem pretendesse segui-lo. O apóstolo Paulo deixou isso bem claro quando escreveu para seu discípulo e companheiro Timóteo:

> "De fato, todos que desejam viver piedosamente em Cristo Jesus serão perseguidos. Contudo, os perversos e impostores irão de mal a pior, enganando e sendo enganados." (II Tm 3:12-13 NVI)

Antes de Paulo, Jesus já havia predito as perseguições aos que o seguissem fielmente (Mt 5:1; 10:23; Jo 15:20). Os apóstolos e os discípulos de Jesus foram os primeiros a sofrerem os ataques (I Co 4:12; II Co 4:9; I Ts 2:15), mas os crentes continuaram sendo perseguidos de um modo ou de outro no decorrer da história – e eles são perseguidos até nos dias de hoje, em todos os lugares e de maneiras diferentes.

Já sabemos que as perseguições e sofrimentos virão, então, o que devemos saber e fazer para enfrentá-los com mais ousadia e determinação?

Note algumas orientações da Bíblia que ajudarão quando alguém estiver sendo perseguido:

1. A luta não é, de fato, contra as pessoas, mas contra os principados e as potestades que estão agindo no mundo espiritual e que certamente conseguem influenciar, dissuadir do bem, persuadir para o mal, iludir, seduzir e enganar os incrédulos. Por isso, os crentes em Jesus, cujos olhos foram abertos, devem salvar as pessoas com a mensagem do Evangelho e não lutar contra elas (Ef 6).

2. Nada pode separar os fiéis do amor de Cristo; nem os sofrimentos, nem as dificuldades desta vida, nem a fome ou a pobreza, o perigo, a perseguição ou até mesmo a morte (Rm 8:35).

3. Orar por quem persegue você não é uma tarefa fácil. Mas Jesus nunca disse que seria fácil mesmo – Ele disse para fazer isso sempre. Apenas isso! (Mt 5:44; Rm 12:14).

4. Existe uma enorme recompensa no céu para aqueles que permanecem fiéis a Jesus e não se entregam às armações do Diabo – os fiéis podem ficar animados e contentes mesmo diante da perseguição (Mt 5:11-12).

5. As perseguições são promovidas pelo Diabo com a finalidade de enfraquecer a fé e o amor dos crentes, mas é tam-

bém propósito de Deus contrariar as perspectivas do inimigo e mostrar que o crente fiel e verdadeiro supera todas as barreiras e vence todas as batalhas pelo sangue de Jesus. Nesse caso, o sofrimento acaba servindo para fortalecer ainda mais os crentes "fiéis". Serve também para aumentar a fé e aperfeiçoar o amor (Ts 2:17-20; 3:1-5).

6. As perseguições contra pessoas fiéis podem vir de dentro da própria igreja quando ela está dominada por gente legalista e cheia de religiosidade mórbida em suas práticas. Isso não é nem um pouco diferente do que aconteceu com Jesus, que de fato foi crucificado por conta da inveja de líderes religiosos hipócritas e legalistas de sua época.

O que os homens religiosos fizeram com Jesus é assustador, pois é difícil imaginar que falar a verdade, agir com o poder sobrenatural de Deus e com a unção do Espírito Santo, salvar pessoas e edificar a igreja também possa despertar a inveja e a ira de pessoas que diziam conhecer a Deus. Eles foram apropriadamente chamados por Jesus de "sepulcros caiados" (Mt 23:27) e pelo apóstolo Paulo de "sepulcros abertos" (Rm 3:13). Falavam em nome de Deus, conheciam sua Palavra, viviam para ensinar sua verdade, mas nos momentos importantes em que algo iria acontecer e em que o reino de Satanás seria abalado, defenderam o Diabo, perseguiram Jesus e o levaram para a cruz. Veja como pessoas com qualidades reprováveis como legalismo, inveja, maldade, injustiça, mentira, malícia etc. sempre se associam aos propósitos do Diabo e acabam recebendo a mesma condenação que os demônios – pois Deus transforma o sofrimento dos santos em bênçãos e vinga aqueles que maltrataram um dos servos Dele.

De fato o Senhor reverte em bênçãos para o Reino e para o crente o mal que foi infligido à igreja pelo Diabo. Mesmo assim, o apóstolo Paulo estava preocupado em ir à Tessalônica para ensinar e fortalecer os crentes de lá para que não se enfraquecessem por causa das perseguições que estavam sofrendo. Como ele não pôde ir por causa de Satanás, "que o impediu" (Ts 2:18), Paulo mandou Timóteo para prestar ajuda aos crentes de Tessalônica. Assim, nenhum dos irmãos da igreja voltaria atrás, desistindo do Evangelho (Ts 3:3). É certo que o ex-anjo de luz é muito astuto e faz coisas que nem podemos imaginar, contudo, os nomes e os títulos que ele recebeu na Bíblia podem revelar segredos surpreendentes sobre as ações e tentativas de impedir os santos de realizar satisfatoriamente o serviço cristão.

O ex-anjo de luz

"O que leva a luz ou anjo de luz." A grande maioria dos estudiosos da Bíblia concorda que a menção em Ezequiel (28:12-17) é uma descrição de Satanás em seu primeiro estado, ou seja, como um verdadeiro Anjo de Luz (Lúcifer), embora alguns entendam que Satanás nunca levou luz alguma! Assim, o rei de Tiro, um rei pagão, estaria apenas representando aquele anjo que um dia foi criado cheio de sabedoria e beleza (verso 12). O sinete da perfeição, cheio de formosura, que recebeu um lugar no santo monte de Deus (verso 14). O verso 15 diz ainda que ele "foi criado perfeito, e viveu na mais completa perfeição...", mas no mesmo verso o escritor bíblico, inspirado por Deus, complementa: "... até aquele dia em que a maldade achou lugar no seu coração" (BV).

Os elogios mencionados não se adaptam a um rei pagão da época, até mesmo de qualquer outro rei em outra época: a beleza e a sabedoria parecem se referir mesmo ao Anjo de Luz. Lúcifer foi a criatura que teve uma posição elevadíssima e que mais tarde levou um tombo da mesma medida, o que combina melhor com os textos bíblicos em Isaías. Agora, nem mesmo o nome: "o que leva a luz" (Lúcifer) ele deve usar, muito menos voltar à posição de glória em que foi criado. Por isso, ele usa outros nomes, os quais refletem melhor o que Lúcifer se tornou.

Os diversos nomes que a Bíblia dá ao antigo Anjo de Luz revelam também o quanto ele é falso, mentiroso e enganador. Esses nomes mostram suas intenções e estratégias para combater na batalha espiritual. Mas a principal intenção ao serem mencionados os nomes do inimigo, bem como ao dar os seus significados, é mostrar como Satanás consegue imprimir nos seres humanos a própria personalidade maligna dele, assim aqueles se tornam cada vez mais mentirosos, falsos, enganadores, corruptos e corruptores, exatamente como Satanás! Essas pessoas são consideradas filhas do próprio Diabo:

> "Vós tendes por pai o Diabo, e quereis satisfazer os desejos de vosso pai; ele é homicida desde o princípio, e nunca se firmou na verdade, porque nele não há verdade; quando ele profere mentira, fala do que lhe é próprio; porque é mentiroso, e pai da mentira." (Jo 8:44)

Satanás

O nome "Satanás" significa "adversário" e é o novo nome de Lúcifer, que combina melhor com sua natureza corrompida (Zc 3:1).

Sendo o oposto de "anjo que leva a luz", Satanás agora é aquele que leva a escuridão da oposição a Deus e a tudo que Deus criou, por isso ele é o principal adversário da igreja do Senhor Jesus.

Não existe palavra humana para descrever as dimensões da ousadia de um ser que se opõe ao próprio Deus, mas Satanás se opôs. Ele enfrentou o Deus todo-poderoso, foi ousado o suficiente para tentar Jesus com palavras maliciosas e distorcidas (Mt 4:1-11) e pode estar tentando você a não acreditar em algumas verdades vitais para se *combater o bom combate* (II Tm 4:7), pois ele é o adversário implacável de todos que creem em Jesus e desejam servi-lo fielmente.

> "Estejam alerta e vigiem. O Diabo, o inimigo de vocês, anda ao redor como leão, rugindo e procurando a quem possa devorar." (1 Pedro 5:8 NVI)

Diabo

"O acusador" é o que significa a palavra "diabo", que é também um dos nomes de Satanás. Acusar os crentes diante de Deus é uma de suas principais ocupações, demonstrando mais uma vez sua ousadia em se aproximar de Deus para acusar aqueles que foram lavados no sangue de Jesus. Ele acusou Jó e levantou suspeita sobre sua fidelidade a Deus, mas no final foi desmascarado pela atitude humilde e fiel do servo do Senhor. Porém, o mesmo pode não acontecer com os crentes que sempre estão oferecendo lugar para o pecado ao levarem a vida carnal sem ter compromisso com Deus.

Certamente, estaríamos todos perdidos diante das acusações do Diabo se não tivéssemos alguém que nos defendesse e nos perdoasse diante de Deus – Jesus.

> "... Se, porém, alguém pecar, temos um intercessor junto ao Pai, Jesus Cristo, o Justo." (1 Jo 2:1 NVI)

Isso não quer dizer que podemos pecar à vontade; embora Jesus seja o nosso defensor, nós precisamos lutar fortemente contra o pecado. Lembre-se de que as acusações do maligno são pesadas e implacáveis! Veja o *se* ("se vocês pecarem")! É condicional e ainda sugere que não devemos pecar. Já como a possibilidade de pecar é real, devemos lutar para nos conservar longe do pecado e não dar espaço às acusações do Diabo (Cl 2:23).

Dragão

O dragão é uma figura mitológica presente na cultura de diversos povos, mas a Bíblia associa essa figura a Satanás, principalmente por causa do seu poder e ferocidade – aquele que é capaz de destruir o que quer sem ter nenhum sentimento de misericórdia. Em Apocalipse, João escreveu que após a guerra no céu, Miguel e seus anjos lutaram contra o dragão, que também lutou junto a seus anjos maus. Mas o dragão foi vencido, e por isso ele e seus anjos maus foram expulsos do céu:

> "Então houve guerra no céu: Miguel e os seus anjos batalhavam contra o dragão. E o dragão e os seus anjos batalharam, mas não prevaleceram, nem mais o seu lugar se achou no céu. E foi precipitado o grande dragão, a antiga serpente, que se chama Diabo e Satanás, que engana todo o mundo; foi precipitado na Terra, e os seus anjos foram precipitados com ele." (Ap 12:7-9)

O dragão é a figura que materializa a ferocidade, a força e a ousadia de uma criatura que não tem medo de ninguém e que pode ferir ou matar facilmente suas vítimas. Satanás é esse dragão feroz pronto para matar e destruir, por isso o título "dragão" é bem adequado a ele (Ap 20:2).

Serpente

> "O grande dragão foi lançado fora. Ele é a antiga serpente chamada Diabo ou Satanás, que engana o mundo todo. Ele e seus anjos foram lançados à Terra." (Ap 12:9 NVI)

Gênesis, capítulo 3, mostra que Satanás se apoderou de uma cobra (ou serpente), o animal mais esperto do Éden, para enganar Eva. Ele foi bem-sucedido e continua lançando o mesmo olhar da serpente até hoje, exatamente como fez no Éden. Esperto e astuto, ele pode seduzir, enganar, envenenar qualquer pessoa despercebida de suas mentiras e maldades.

Assassino

> "... Ele foi homicida desde o princípio e não se apegou à verdade, pois não há verdade nele..." (Jo 8:44 NVI)

Ele incitou Caim contra Deus e contra a vida de seu próprio irmão Abel (Gn 4:1-15) e continua incitando as pessoas umas contra as outras para se destruírem mutuamente. Mas o assassinato espiritual é a grande especialidade desse *serial killer* de almas, ele não se contenta apenas em matar as pessoas: ele quer levá-las para o inferno.

Mentiroso

> "... Quando mente, fala a sua própria língua, pois é mentiroso e pai da mentira." (Jo 8:44 NVI)

A mentira é própria de Satanás, ele a inventou e pode ser chamado de pai das mentiras e dos mentirosos. Tudo que Satanás faz é com base em alguma mentira, pois está sempre enganando, distorcendo, aumentando ou diminuindo a fim de dissuadir as pessoas dos caminhos da verdade.

> "O Diabo, que as enganava [enganar ou seduzir com uma opinião errada – kai o diabolos o planwn autous] foi lançado no lago de fogo que arde com enxofre..." (Ap 20:10 BV)

A sedução é uma das armas mais poderosas que Satanás tem usado contra as pessoas de todas as épocas e no mundo inteiro, pois ele sabe que os seres humanos são ambiciosos, desejam poder e fama, elogios e riquezas, o bem-estar próprio e os prazeres, a busca desenfreada pela satisfação desses desejos; fazendo qualquer coisa sem se preocupar com os outros. Então, tudo que Satanás precisa fazer é oferecer um pouco essas coisas e lá estão as pessoas, como moscas atraídas pelo cheiro do lixo. Assim, são atraídas pelo *planon* (*ðëáíïí*): a opinião errada do sedutor.

Príncipe deste mundo

> "Chegou a hora de ser julgado este mundo; agora será expulso o príncipe deste mundo." (Jo 12:31 NVI)

Como um príncipe que submete os negócios humanos à sua própria vontade e que manipula os sistemas políticos, sociais, culturais e religiosos do mundo conforme sua maldade: assim é Satanás, o príncipe corrupto e corruptor de um mundo corrompido pela maldade e pelo engano.

Satanás é adorado como um deus e tratado como um príncipe

por pessoas que não têm a Jesus Cristo como único Senhor. Isso acontece porque os seres humanos já são naturalmente corrompidos, assim, obedecem naturalmente ao príncipe deste mundo, seja essa obediência direta ou indireta, consciente ou não.

Príncipe das potestades do ar

> "Vocês estavam mortos em suas transgressões e pecados, nos quais costumavam viver, quando seguiam a presente ordem deste mundo e o príncipe do poder do ar, o espírito que agora está atuando nos que vivem na desobediência." (Ef 2:1-2 NVI)

Satanás não só domina os sistemas do mundo como domina os lugares espirituais da escuridão, que estão sob o seu poder. São poderes e forças, principados e potestades que estão no mundo espiritual e físico para cumprirem as ordens de seu príncipe. As "potestades do ar" se referem especificamente aos batalhões dos exércitos malignos, aos demônios que estão nos escalões inferiores na hierarquia das trevas – arcas pros tas exousias pros tous kosmokratoras –, aos espíritos malignos que povoam as regiões celestiais.

Destruidor

> "Tinham um rei sobre eles, o anjo do Abismo, cujo nome, em hebraico, é Abadom e, em grego, Apoliom." (Ap 9:11 BV)

Abadom e Apoliom são traduzidos como Destruidor. Dessa forma, esse é mais um título que revela exatamente quem estamos enfrentando. Um ser capaz de causar destruição total começando apenas com um olhar! Satanás tenta destruir o que Deus construiu, portanto aqueles que nasceram de novo (Jo 3) são seus alvos prediletos. Com inúmeros estratagemas, o destruidor quer tornar infrutíferos aqueles que servem a Deus. É como um furacão que, por onde passa, causa destruição, choro e pavor.

Tentador

> "Por essa razão, não suportando mais, enviei Timóteo para saber a respeito da fé que vocês têm, a fim de que o tentador não os seduzisse, tornando inútil o nosso esforço." (1 Ts 3:5 NVI)

Satanás apresenta coisas atraentes que supostamente podem satisfazer as necessidades ou os anseios das pessoas. É muito difícil dizer exatamente como Satanás influencia a mente das pessoas, mesmo porque elas já são naturalmente más, no entanto, parece que a natureza humana tem muita intimidade com ele (o tentador). De alguma forma, a alma consegue ouvir a voz de seu amigo, pai, aliado, chefe, governo, ou o que for. O Diabo fatalmente consegue atraí-la e tentá-la a fim de arruinar a vida das pessoas cuja mente não está direcionada para Cristo.

Jesus foi tentado por Satanás (Mt 6), mas não desejou outra coisa senão fazer a vontade do Pai. Jesus foi tentado a ser destruído, mas venceu! Agora, imagine se Satanás não nos tentará também? A grande diferença é que o Espírito de Cristo nos conduz a uma verdade capaz de vencer as ilusões do Diabo. Contudo, como a luta contra a tentação é feroz, muitos não suportam e são atraídos e laçados pelo tentador!

Belzebu

No Antigo Testamento, *Baal-Zebude* era o deus de Ecrom, cidade dos filisteus (II Rs 1:2-16). Jesus concordou com os seus opositores de que Satanás é mesmo Belzebu: o maioral dos demônios (Lc 11:18). O significado desse vocábulo é "Senhor das moscas" ou "Gênio que preside a corrupção" (Baal – comparar I Pe 3:6 com Gn 18:12). Se as moscas representam os espíritos malignos, concluímos que Satanás é quem ordena os serviços destes para corromperem a vida pessoal (sexo, drogas, desonestidade etc.) e a vida social (intrigas, maledicência, manipulação, mentiras etc.). A referência a um ser que comanda as moscas é a mesma que "o príncipe das potestades do ar", espíritos malignos que povoam as regiões celestiais, *ta pneumatika ths eponhraniois* (Ef 6). Ambas as referências indicam um líder com um batalhão de soldados obedientes a ele cujo principal objetivo é se aproveitarem e se alimentarem dos dejetos morais da humanidade: sentimentos, desejos e ações humanas que atraem esses seres como coisas podres atraem as moscas!

Belial

> "Que harmonia há entre Cristo e Belial? Ou que parte tem o crente com o incrédulo?"

Também no Antigo Testamento, os filhos de Belial (Jz 20:13; I Sm 10:27; 30:22; I Rs 21:13) são os marginais, salafrários e marotos. No Novo Testamento, Paulo emprega esse nome para apontar para o extremo contraste: "E que harmonia pode haver entre Cristo e o Diabo?" (II Co 6:15 BV). Provavelmente, "o homem sem lei" (II Ts 2:3) quer dizer basicamente a mesma coisa: um homem dominado por Satanás e, portanto, sem controle da parte de Deus. Uma pessoa que vive na marginalidade e vive contra Deus segue o caminho do pai Belial.

Pai dos incrédulos

> "Vocês pertencem ao pai de vocês, o Diabo, e querem realizar o desejo dele..." (Jo 8:44 NVI)

São duras as palavras direcionadas aos incrédulos, porém verdadeiras: quem prefere satisfazer os próprios desejos pecaminosos no lugar de agradar a Deus, ainda não nasceu de novo, não nasceu da água e do Espírito e, portanto, não é filho de Deus. Pessoas nessas condições seguirão inevitavelmente o próprio ego: podem escolher alguma religião humanista, cuja espiritualidade é manipulada pelo ego. O deus dessa gente é aquele que está dentro deles mesmos, isto é, o próprio ego, e ainda que tenham religião, ídolos e rituais, o ego é o maioral. Também há pessoas que servem aos demônios deliberadamente na intenção de que eles as ajudem a satisfazer os desejos do ego. No fim, todos eles querem mesmo é satisfazer o ego e acabam revelando uma natureza idêntica a dos demônios, por isso o título de Pai dos Incrédulos é muito apropriado para aquele que passou sua natureza egocêntrica e corrompida para os seres humanos.

Discernindo os enganos dos falsos profetas

O povo de Deus obedece a verdadeira revelação divina, mas precisa também ser cauteloso. Cuidado, cautela e discernimento são necessários para a proteção contra aqueles que distorcem a Palavra de Deus e tentam inocular ensinamentos heréticos e perniciosos entre os salvos. Mas nós já sabemos que até a volta de Jesus mesmo os salvos estarão sujeitos a serem enganados pelo Diabo, pois ele usa os serviços de gente falsa para atingir seu objetivo – inclusive pessoas que se nomeiam cristãs, mas que estão muito longe de serem cristãs verdadeiras. Esses são agentes do mal que servem ao Diabo direta ou indiretamente, às vezes conscientes de que servem ao maligno, outras vezes ao servirem ao próprio ego acabam realizando de forma indireta o serviço das trevas. Veja o que disse Jesus:

> "Jesus respondeu: 'Cuidado, que ninguém os engane. Pois muitos virão em meu nome, dizendo: 'Eu sou o Cristo!' e enganarão a muitos'." (Mt 24:4-5 NVI)

Observe que Jesus não está falando diretamente do Diabo e nem dos demônios que o servem, ele está falando de outro tipo de ser maligno, um tipo que pode decidir se vai servir a Deus e se tornar santo ou se obedecerá ao Diabo para se tornar uma espécie de demônio encarnado. São pessoas com as mesmas características dos demônios: mentirosos, enganadores, opositores, sublevadores, detratores, feiticeiros etc. Não é necessário esforço para provar que os seres humanos são essencialmente maus e que certamente a raça humana não precisa de demônios para mostrar isso todos os dias – basta observar o comportamento das pessoas dentro de uma empresa, de uma escola, no trânsito e até mesmo nas igrejas. As pessoas não precisam estar opressas ou endemoninhadas, as ações humanas podem acontecer independentemente da influência do Espírito Santo de Deus ou dos demônios. Embora a influência maligna seja uma realidade propulsora e inquestionável, as decisões e as ações podem ser totalmente humanas e essencialmente más. A Bíblia associa a maldade humana às influências que os demônios podem exercer para deturpar o Evangelho e disseminar heresias (Mt 16:12; Ap 2:24; I Tm 4:1). Como consequência, existem hoje tantas seitas cristãs como nunca houve na história. Há pessoas dizendo ser CRISTO, outras apresentam um evangelho totalmente estranho à Bíblia: o outro evangelho (Co 11:4; Gl 1:6-7), em que igrejas nominais exaltam seus líderes maiores (incluindo aqueles que já morreram) como se eles fossem o próprio Cristo ou alguém supostamente maior do que Cristo. Demais heresias e práticas subversivas de líderes carismáticos com um discurso positivista levam milhares de pessoas ao erro e à apatia espiritual. Para elas, o Evangelho da Graça já não existe, pois tudo que fazem parece custar um alto preço em dinheiro, até mesmo a mensagem da salvação custa algo de valor monetário. Assim, a oferta da viúva pobre é dispensável já que os valores irrisórios são dispensáveis junto com as pessoas que os ofertam. Não é à toa que Jesus disse para tomarmos cuidado, afinal, o lobo em pele de cordeiro existe!

Dave Hunte e Tom McMahon, no livro *A sedução do cristia-*

nismo, apontam para os perigos da crescente aceitação de práticas e filosofias como: pensamento positivo, cura das memórias, filosofia de autoajuda e medicina holística. Também mostram que os ataques não são frontais ou repressores ao cristianismo, pelo contrário, eles se apresentam como a ideia da moda e propõem fazer as pessoas mais felizes, saudáveis, ricas, prósperas e até mesmo mais espirituais dentro da própria igreja. Mas o que parece uma ótima técnica para elevar os cristãos, na verdade é a grande mentira que está preparando o caminho para a chegada do ANTICRISTO. E pior: essas aberrações, mentiras e enganos não estão fora da igreja, estão lá dentro, agindo como um vírus no corpo de Cristo para enfraquecê-lo. Existem pessoas más, disfarçadas de crentes para pregar um evangelho de interesse pessoal e demoníaco, *o outro evangelho.*

Há duas palavras gregas para "outro": *allos* refere-se a outro do mesmo tipo e da mesma espécie; já *outos* quer dizer outro tipo, outra espécie ou outra origem diferente.

O apóstolo Paulo escreve mais uma vez com muita propriedade: outro evangelho. E continua dizendo: o qual não é outro – igual ou da mesma origem. Esse outro evangelho, diferente do Evangelho de Jesus Cristo, procede de "pessoas que querem perverter o verdadeiro Evangelho" (Gl 1:6-10). O apóstolo Paulo ficou admirado como os crentes em Gálatas estavam se acomodando a esse "outro evangelho", o evangelho diferente do Evangelho de Cristo, e abandonando o verdadeiro Evangelho que os havia salvado: "Estou admirado de que tão depressa estejais desertando daquele que vos chamou na graça de Cristo, para outro evangelho".

Será que o apóstolo Paulo ficaria admirado hoje? Será que os crentes nas igrejas atuais estão se acomodando ao evangelho da moda: aquele "evangelho" que promete prosperidade, saúde, bens materiais, poder espiritual? Será que os enganadores do nosso século encontram tanta facilidade para disseminar suas ideias e promessas fraudulentas que os fiéis absorvem praticamente sem questionar ou comparar tais promessas com os textos bíblicos? Nesse evangelho, existem técnicas e rituais específicos para tirar os pecados sem necessariamente enfatizar o arrependimento; enfim, é um evangelho que distorce sutilmente, ou às vezes, abertamente a Palavra de Deus e ainda pode fazer seus líderes lucrarem dinheiro com isso. Apesar das claras orientações bíblicas, parece que muitos cristãos nos dias atuais carecem de imitar a atenção dos bereanos quanto às Escrituras Sagradas. O apóstolo Pedro também deixou bem avisado:

> **"Em sua cobiça, tais mestres os explorarão com histórias que inventaram. Há muito tempo a sua condenação paira sobre eles, e a sua destruição não tarda."** (II Pe 2:3 NVI)

É claro que Deus quer abençoar e dar prosperidade aos seus filhos amados, mas qualquer pessoa ou líder religioso ao afirmar que para receber essas bênçãos do Pai só é preciso entregar "voluntariamente" seus bens, sem dúvida está mentindo e pregando outro evangelho. Um evangelho diferente (*eteron*) do Evangelho de Cristo. Deus está bem mais interessado em seu coração e se agrada da oferta do coração (Lc 21)! É difícil perceber isso em determinadas circunstâncias... Por exemplo, se a pessoa está aflita ou desesperada por algum motivo e alguém lhe diz:

- Seja fiel e certamente Deus vai abençoá-lo!
- Não entregue seu dinheiro a Deus se o seu coração não for tocado, nós não queremos seu dinheiro!
- Entregue tudo ou nada. Deus só se agrada da oferta de fé, essa Ele recompensará imediatamente!

O que dizer dessas palavras? São mentiras? Não necessariamente, mas se elas estiverem dissociadas de outras verdades, como:

- Seja fiel em tudo e não apenas em dízimos e ofertas!
- Nós precisamos muito do seu dinheiro para usá-lo democraticamente no Reino de Deus!
- Entregue a Deus conforme a oferta que vem do seu coração motivado pelo Espírito Santo!

Então, são mentiras e caracterizam uma influência maligna.

Os jogos psicológicos para incentivar pessoas a entregar ofertas e as verdades dissociadas de seu complemento são obras malignas, ainda mais se a intenção é lucrar para o proveito pessoal. Para ilustrar isso, imagine esta situação – uma viúva se aproxima do seu líder espiritual e lhe diz: "A sua mensagem me tocou profundamente, eu creio no que falou e quero ser fiel a Deus, por isso vou entregar o único dinheiro que tenho para comprar o leite da minha filha de um ano e o alimento para o dia de amanhã". Coloque-se no lugar desse líder e pense no que ele deveria dizer. Talvez:

a. "Sim, irmã, faça isso e Deus a recompensará!"
b. "Não faça isso, irmã, o que eu disse não se aplica a casos como esse!"
c. Ou: "Cumpra o seu voto com Deus e então nós a ajudaremos em sua necessidade!"

Observe que é muito fácil pregar verdades bíblicas e não viver essas verdades. Para muitos, é difícil pensar que seu líder espiritual possa pregar com tanta convicção e entusiasmo e ao mesmo tempo quebrar o princípio do amor e da fé com tanta facilidade ao dispensar uma mulher e suas crianças sem lhes oferecer ajuda, com o pretexto de que Deus cuidará do caso. Como Tiago disse:

> "Se um irmão ou irmã estiver necessitando de roupas e do alimento de cada dia e um de vocês lhe disser: 'Vá em paz, aqueça-se e alimente-se até satisfizer-se', sem porém lhe dar nada, de que adianta isso?" (Tg 2:15-16 NVI)

É verdade que os dízimos e as ofertas fazem parte de uma vida dedicada a Deus e quando dedicamos nossa vida, tudo que somos e tudo que temos está entregue. Mas não podemos supor que ser fiel apenas no dízimo é suficiente para agradar a Deus e receber suas bênçãos como se estivéssemos comprando-as, pois todos os seus preceitos, mandamentos e orientações são importantes para uma vida saudável e próspera (leia Ml 3).

Os fiéis devem entregar os dízimos e as ofertas, mas é importante que se lembrem de fazer todas as outras coisas que são necessárias, como abandonar o pecado: a ambição, o egoísmo, a inveja, as mentiras, a maledicência, as impurezas sexuais e, além de tudo, é necessário procurar, com todas as forças, viver diante de Deus uma vida honesta, sincera e pura, adorando-O e exaltando-O. Prostrados diante Dele, devemos todos os dias "oferecer os corpos como sacrifício vivo, santo e agradável a Deus – este é o tipo de sacrifício que Ele pode aceitar" (Rm 12:1).

Isso me faz lembrar o relato em Lucas 18, no qual Jesus orienta um homem rico a entregar todos os bens que possuía aos pobres e então segui-Lo. Essa atitude é praticamente inimaginável para muitos dos líderes religiosos de hoje, pois certamente diriam ao homem rico que depositasse sua fortuna nos cofres de sua instituição ou denominação. Dar ao pobre considerável soma de dinheiro pode até ser entendido pelos falsos líderes como uma blasfêmia. É assustadora, mas essa é uma ideia bem comum. Pelo que entendemos, a falta de transparência e a ganância pelo dinheiro sugere algo no mínimo "diabólico"!

Agora, pense sobre o valor do dinheiro diante da vitória sobre todos esses pecados que acabamos de mencionar. Certamente, o dinheiro vale bem menos do que a vitória espiritual ou a salvação de uma vida, e incomparavelmente menos do que a salvação de milhares de pessoas! Mas os gananciosos podem oferecer maior atenção àqueles que chegam com carros novos, roupas bonitas e anéis de ouro nos dedos. Aqueles que possuem dinheiro e bens podem ser tratados de forma diferente daqueles que só possuem a alma para oferecer! Embora a orientação bíblica seja oposta a esse comportamento, tem muita gente que parece não dar a mínima importância para ela.

> "Meus irmãos, como crentes em nosso glorioso Senhor Jesus Cristo, não façam diferença entre as pessoas, tratando-as com parcialidade. Suponham que na reunião de vocês entre um homem com anel de ouro e roupas finas, e também entre um pobre com roupas velhas e sujas. Se vocês derem atenção especial ao homem que está vestido com roupas finas e disserem: 'Aqui está um lugar apropriado para o Senhor', mas disserem ao pobre: 'Você, fique em pé ali', ou: 'Sente-se no chão, junto ao estrado onde ponho meus pés', não estarão fazendo discriminação, fazendo julgamentos com critérios errados?" (Tg 2:1-4 NIV)

Há muito tempo, o Diabo já sabe que terá mais sucesso em prejudicar a igreja se ele estiver dentro dela como um vírus, e então contaminá-la com suas mentiras, usando pessoas más e um sistema mundano corrompido, corruptor e enganador na própria estrutura da igreja. Porque se o inimigo estiver agindo lá fora, isto é, nos templos satânicos, nos terreiros de candomblé, nos círculos esotéricos, na bruxaria, no espiritismo, na adoração a imagens ou em qualquer outro recurso que ele usa para levar as pessoas ao inferno, a igreja se posicionará contra o já esperado, conhecido e patente inimigo – principalmente para resgatar as pessoas das prisões do Diabo. Agora, imagine o que acontece se o Diabo consegue um jeito de disfarçar suas práticas com uma roupagem cristã para entrar na igreja. Logo, os crentes despreparados estarão bebendo água que foi manipulada e envenenada pelo inimigo e se tornará mais difícil discernir as pessoas que pretendem enganar o povo de Deus.

Esses líderes espirituais não têm nada a ver com Deus ou com Jesus Cristo. Ainda que só falem sobre Ele, suas práticas estão longe Dele. Ainda que pareçam tão agradáveis, bons e educados por fora, as intenções malignas revelarão práticas tremendamente más e demoníacas. Pelo que temos visto, muitos não acreditam ou não enxergam a farsa mesmo vendo os resultados devastadores das ações pecaminosas desses líderes. Alguns estão cegos por negligência, outros por algum tipo de conveniência pessoal, ainda outros por omissão e todos eles por influência das trevas.

> "Nem todo aquele que me diz: 'Senhor, Senhor', entrará no Reino dos céus, mas apenas aquele que faz a vontade de meu Pai que está nos céus. Muitos me dirão naquele dia: 'Senhor, Senhor, não profetizamos em teu nome? Em teu nome não expulsamos demônios e não realizamos muitos milagres?' Então eu lhes direi claramente: Nunca os conheci. Afastem-se de mim vocês, que praticam o mal." (Mt 7:21-23 NVI)

A Igreja Romana caiu nessas armadilhas séculos atrás, precisamente após o século III, durante o reinado de Constantino, por causa da influência de Helena, sua mãe. Muitas práticas da igreja instalada em Roma se tornaram completamente associadas às práticas pagãs e politeístas da religião greco-romana. Mais tarde, vieram os Papas devassos, os políticos corruptos, a inquisição... Uma pergunta se perpetua: a Igreja Católica Romana se recuperou de suas práticas assombrosas dos séculos passados e voltou a ser a Igreja gloriosa que o Senhor Jesus comprou com o próprio sangue, ou os resquícios do passado se acumularam tanto que a transformaram em alguma outra coisa que não é mais a Igreja de Cristo? A Bíblia diz que não basta falar em nome de Cristo ou em nome do Senhor Deus para ser reconhecido por Ele no dia do julgamento; então, será que uma análise das práticas teológicas, políticas, sociais e pessoais de líderes religiosos, à luz das Escrituras, diriam "sim" ou diriam "não"?

A resposta está no fato de que tantas outras igrejas da atualidade estão caindo naqueles mesmos erros antigos cometidos pela Igreja Romana. Essas igrejas, além de incluírem práticas pagãs e espiritismo em suas reuniões como se fosse uma coisa normal para o cristianismo, ainda provam que não aprenderam com os erros dos outros no passado, pelo contrário, aprenderam a utilizar as práticas enganosas para lucrar com isso – é como se as indulgências fosse algo que a igreja devesse repetir hoje, porém com uma roupagem nova.

As Escrituras Sagradas alertam rigorosamente sobre os falsos profetas, os falsos cristos, o esfriamento da fé de muitos, o alastramento do ódio, o engano em que muitos cairiam – inclusive que muitos dos próprios escolhidos se deixariam enganar pelas incríveis ilusões de Satanás – etc. Em meio a esse furacão de problemas, a sinceridade diante de Deus e a transparência com as pessoas funcionam como um abrigo que pode proteger contra enganos, e qualquer líder que falhar nisso pode estar entrando para as fileiras que preparam a chegada do Anticristo. Lembrem-se: existem muitos falsos profetas por aí tentando adaptar a Bíblia à sua mente diabólica, enquanto outros só pensam nas velhas tradições humanas como um aprisco que protege das heresias. Mas isso é inútil contra o Diabo porque ele mesmo usa as tradições humanas para atrasar o povo de Deus na missão do Evangelho da salvação!

É preciso ter um afinado discernimento espiritual para reconhecer as armadilhas sutis e perigosas que os inimigos armam contra o povo de Deus, e não cair nelas. Como você já sabe, em Gênesis, capítulo 1, o Diabo está disfarçado em uma bela serpente – animal esperto e provavelmente muito bonito que vivia no Jardim do Éden junto aos outros animais e com Adão e Eva. Agora, observe cuidadosamente as palavras sutis que enganaram Eva:

> "Disse a serpente à mulher: 'Certamente não morrerão! Deus sabe que, no dia em que comerem, seus olhos se abrirão, e vocês, como Deus, serão conhecedores do bem e do mal'." (Gn 3:4-5 NVI)

O maligno continua com suas intenções más e não vai parar com suas ações até aquele dia quando o Senhor esmagará a cabeça da serpente, a velha cobra que sairá com toda a sua fúria para enganar as nações. Essa é a profecia que vimos anteriormente no livro de Apocalipse, a qual, como todas as outras profecias bíblicas, se cumprirá cabalmente (leia Ap 20-22).

Enquanto esse dia não vem, o olho da serpente atrai e recruta pessoas para realizar as tarefas que de outra forma eles não poderiam, porque para agir no mundo físico os demônios necessitam de um corpo físico, por isso, eles atuam na mente de pessoas que desprezam as verdades reveladas por Jesus. Pessoas de carne e osso, com as mesmas características dos demônios e a serviço do Diabo – pode parecer conversa de filmes e histórias de ficção, mas não é. Se a Bíblia diz que há pessoas que são filhas do Diabo é porque elas se parecem com ele. Essas pessoas podem estar em todos os lugares: tanto na câmara dos deputados como nos círculos satanistas. Os agentes do mal estão tanto nas televisões quanto nas mesas espíritas e nas conexões esotéricas; eles estão tanto nas grandes empresas que oferecem emprego para milhares de pessoas quanto nas religiões que levam multidões para seus cultos ou missas, ou ainda naquelas que levam apenas alguns poucos adeptos para suas reuniões a fim de perverter sua mente com mentiras e enganos. Seja nas ruas ou na vizinhança, em todos os lugares há pessoas que, por algum motivo egocêntrico, estão servindo os propósitos macabros dos demônios.

Tanto em igrejas pequenas como em grandes podem existir agentes do mal. São pessoas enviadas para não permitir o progresso espiritual das igrejas e, consequentemente, atrofiarem o evangelismo, a adoração, a comunhão, o ensino e o serviço a Deus, fazendo com que as igrejas pequenas se atrofiem ou que cresçam com propósitos totalmente distintos daqueles que Jesus ensinou. Esses agentes malignos se tornam membros ou líderes das igrejas e muitas vezes conseguem atrofiá-las ou encharcá-las com heresias e práticas pagãs. Embora exista uma infinidade de livros apologéticos que defendem a verdadeira fé cristã das heresias e mentiras sobre o Reino de Deus, é importante lembrar que essas heresias foram escritas, faladas ou ensinadas por seres humanos e, ainda que eles tenham sido motivados e influenciados por demônios, são pessoas que perpetuam a velha prática de um evangelho que gira em torno do dinheiro, do marketing, da religiosidade, do legalismo e do paganismo. Esse "outro evangelho" não está firmado no verdadeiro e puro Evangelho de Jesus Cristo, alicerçado nos pilares do Poder do Espírito Santo, na unção para o serviço dedicado a Deus, no amor aos irmãos e àqueles que precisam de salvação, na ousadia para viver como um cristão com coragem para abandonar o pecado e pregar as boas novas de Cristo – um Evangelho que jamais aceitaria fazer alianças com os demônios! Por exemplo:

- "Ame ao próximo como a você mesmo" (Mc 12:31);
- "Não façam nada por ambição egoísta ou por vaidade, mas humildemente considerem os outros superiores a si mesmos" (Fp 2:3);
- "Não ame o mundo e nem o que nele há" (1 Jo 2:15).

Qualquer coisa contrária a preceitos como esses são coisas malignas e abrem as portas da igreja para as ações cada vez mais devastadoras dos demônios. É verdade que as portas do inferno não prevalecerão contra a igreja (Mt 16:18), mas as portas das igrejas também não devem estar abertas para a ação dos agentes malignos que, com suas heresias e esperteza, tiram a lã e o couro das ovelhas sem que elas percebam! Como exemplo disso, quero contar uma história que ouvi em uma emissora de rádio muito famosa em São Paulo: um dos mais conceituados gurus da nova era aqui no Brasil disse, em um programa de rádio esotérico, que para completar as suas experiências místicas (bruxaria, hinduísmo e dezenas de outras religiões pagãs) desejava ter a experiência de fazer parte de uma igreja evangélica. Segundo ele, missas católicas ele já frequentava desde criança e agora desejava algo que ainda não havia experimentado. Ele fez exatamente o que dissera: entrou em uma igreja evangélica, a qual não mencionou o nome, e lá se tornou regente do coral da igreja (mesmo sendo um bruxo) em virtude de suas habilidades musicais. Fiquei momentaneamente admirado em saber que um bruxo disfarçado de crente se tornou regente do coral de uma igreja evangélica sem ter passado pela experiência da conversão, mas infelizmente o mínimo necessário de discernimento espiritual ainda precisa ser realidade na vida de muitas igrejas, pois o poder, a unção, o amor e a ousadia são questões que merecem mais atenção do que estão recebendo entre o povo de Deus!

Diante de tudo isso outra questão pode surgir: foi o bruxo que iludiu a igreja ou foi a igreja que iludiu o bruxo? Será que a igreja poderia ter impactado esse homem e mostrado a ele um poder tão forte a ponto de impedir a farsa e, mesmo que ele não se arrependesse, teria de admitir que o Deus daquele povo é mais poderoso que os seus próprios deuses? Algo como Moisés fez com faraó, Daniel com o rei Nabucodonosor da Babilônia, Jesus com os dois discípulos a caminho de Emaús, os apóstolos no Pentecostes, ou ainda os santos da igreja primitiva ao resistirem às perseguições sem negar Cristo, todos agindo pelo poder do mesmo Deus. Será que muitas igrejas nos dias de hoje consideram os relatos bíblicos apenas fábulas contadas por artistas criativos? Ou acreditam que são verdades reveladas pelo próprio Deus a homens inspirados por Ele e que, portanto, o poder de Deus é para a igreja hoje também? Por que as pessoas dizem que acreditam enquanto as práticas demonstram que não? A questão do bruxo não é o único problema, o maior dos problemas é que agentes do mal já se infiltraram há muito tempo em muitas igrejas para distorcer e esfriar os seus verdadeiros propósitos. Agora, essas igrejas encontram pessoas para manter esse *status* de frieza sob a alegação de não poderem ir contra o sistema das tradições humanas. Esse pensamento covarde parece ter o olhar da serpente sobre ele, uma vez que covardia não combina com a unção de "ousadia", mas certamente já cativou muitos líderes, bispos, pastores, padres, apóstolos, reverendos, papas ou pessoas com qualquer outro título que possam ter. Manter a frieza e a morbidez espiritual de uma igreja não seria o mesmo que inculcar isso nela? Acredito que sim, pois a linha humana entre o que é certo ou errado é muito tênue, por isso é possível que pessoas sinceras e fiéis sejam levadas sutilmente pela correnteza do mal e quando perceberem já estarão envolvidas pelas teias pegajosas do pecado!

A Bíblia está repleta de avisos sobre agentes do mal e mostra como são seus modos de agirem, isto é, como esses agentes recrutados pelo Diabo atuam a fim de prejudicar as igrejas. Eles estão agindo dentro delas, às vezes, sem serem notados. A Bíblia classifica os diferentes tipos de agentes malignos, mas também nos lembra de que a nossa luta não é contra os seres humanos e sim contra os poderes espirituais das trevas que atuam nessa gente. Portanto, é preciso estar sempre revestido com o poder do Espírito Santo e vestido com a armadura de Deus para se proteger de cada um desses inimigos e de cada estratégia diferente que eles possam usar (Ef 6).

O apóstolo Paulo escreveu uma advertência bem clara aos irmãos da igreja em Corinto a fim de desmascarar do meio deles as pessoas falsas que diziam ser mais importantes do que o próprio apóstolo Paulo e, portanto, mais dignas de serem ouvidas e respeitadas do que ele. Veja:

> "Pois tais homens são falsos apóstolos, obreiros enganosos, fingindo-se apóstolos de Cristo. Isso não é de admirar, pois o próprio Satanás se disfarça de anjo de luz. Portanto, não é surpresa que os seus servos finjam que são servos da justiça. O fim deles será o que as ações deles merecem." (II Coríntios 11:13-15 NVI)

Para classificar melhor os agentes malignos, os quais foram enviados para o meio do povo de Deus, vamos nomeá-los conforme alguns textos da Bíblia.

Lobos ferozes

> "... falsos mestres, como lobos ferozes, aparecerão no meio de vocês..." (At 20:29 BV)

O apóstolo Paulo, falando aos anciões da igreja em Éfeso, alertou-os para o inevitável: lobos cruéis entrariam na igreja e não poupariam o rebanho!

> "Eu sei com certeza que depois que eu for, falsos mestres, como lobos ferozes, aparecerão no meio de vocês e não terão pena do rebanho. Alguns de vocês mesmos torcerão a verdade para conseguir seguidores." (At 20:29-30 BV)

Em sua astúcia, o Diabo pode levantar pessoas de dentro das igrejas a fim de torcer a verdade e atrair mais seguidores ou adeptos de suas loucuras. Essas loucuras são geradas por duas fontes: os demônios e o ego, que geralmente formam partidos dentro da igreja revelando que existe alguma enfermidade grave – um grupinho é do pastor, o outro é do irmão fulano e ainda outro pertence ao missionário sicrano. Aqueles que lideram partidos dentro de uma igreja podem ser os agentes do mal que estão prontos para enganar e devorar o rebanho. Se eles fazem isso fundamentado em alguma distorção da Palavra de Deus, é certo que são os recrutas do inferno em atividade. Geralmente, eles se rebelam contra pastores – homens de Deus que têm levado o fardo de cuidar de pessoas carregadas de problemas – e colocam as ovelhas contra eles.

Mas é bom olhar também outra situação: irmãos piedosos que, não conseguindo conviver com as pressões do legalismo, tradicionalismo, da religiosidade ou corrupção que existem em algumas igrejas, deixam de ser tão piedosos e saem, levando com ele muitas pessoas para formar uma nova igreja. É difícil julgar em algumas situações, principalmente quando se trata de uma igreja atrofiada há anos e que de repente parece ter sido libertada de um julgo, começando a se desenvolver como nunca antes. Outros casos são exatamente o contrário: igrejas amáveis que vivem em amor e comunhão, mas acabam sendo atacadas e divididas por lobos ferozes. Não é possível falar desse assunto e colocar todos em um mesmo nível ou dizer que são todos iguais. Mas certamente todas as vezes que isso acontece é possível perceber com clareza o olhar da serpente dividindo ou aprisionando, motivando um lado ou outro e, às vezes, os dois lados! É difícil dizer que esses acontecimentos são sempre obras malignas, mas podemos dizer com toda certeza que sempre que uma igreja se divide, briga ou que acontecem confusões nela, alguma coisa está errada: os demônios estão buscando uma oportunidade, o ego está procurando uma forma de satisfazer seus desejos e a armadura trincada há um bom tempo!

> "Finalmente, fortaleçam-se no Senhor e no seu forte poder. Vistam toda a armadura de Deus, para poderem ficar firmes contra as ciladas do Diabo, pois a nossa luta não é contra seres humanos, mas contra os poderes e autoridades, contra os dominadores deste mundo de trevas, contra as forças espirituais do mal nas regiões celestiais." (Ef 6:10-12 NVI)

Jesus também nos alertou sobre esses lobos vestidos em pele

de ovelhas (Mt 7:15). Ele mandou que tomássemos cuidado com os falsos cristos e falsos profetas, que eles apareceriam em grande quantidade quando estivesse se aproximando o dia de sua volta (Mt 24:1-28). Jesus mostrou ainda que, assim como existe joio no meio do trigo, apareceria o joio no meio do povo de Deus, e assim como o joio se parece com o trigo, mas não presta para coisa alguma a não ser prejudicar o trigo bom, da mesma forma seria o joio na igreja. Essa alegoria do trigo é pesadíssima: o joio são as pessoas que estão nas igrejas para prejudicá-la e dificultar o seu desenvolvimento natural; o trigo, obviamente, é a igreja. Mas não é possível eliminar o joio sem estragar o trigo, portanto, os servos infiéis que são maus, inúteis e destrutivos não podem ser eliminados pelo próprio trigo (Mt 25:1-46; Jo 10:10).

Fique alerta! Sempre vigie para não ser persuadido pelas ilusões do Diabo, ou enganado por um de seus agentes, ou mesmo devorado por um de seus lobos em pele de cordeiro. Cuidado para não acabar liderado por um desses guias cegos ou decepcionado com o joio!

Guias cegos

> "Ai de vocês, guias cegos... Ai de vocês, mestres da lei e fariseus, hipócritas!" (Mt 23:16; 27 NVI)

Na época de Jesus, já havia inúmeros guias cegos. Foi o próprio Jesus quem os denunciou, pois eles não serviam a Deus e, embora tivessem a Bíblia gravada em suas mentes, continuavam servindo aos desejos da carne. Praticavam a injustiça, a maldade, a mentira, a desobediência e todo tipo de pecado e, o que é ainda pior, faziam tudo isso em nome de Deus.

Jesus fez um discurso severo condenando aqueles que vivem

escondidos atrás de uma aparência de espiritualidade, mas que na verdade não são o que parecem ser, pois são hipócritas e guias cegos (v. Mt 23:13-28).

Os líderes religiosos dos judeus, como os fariseus e os saduceus, ensinavam ao povo a obediência a Deus e à Sua lei, no entanto, foram eles que perseguiram e mataram Jesus. Eles matavam, roubavam, mentiam e mesmo assim eram considerados os homens santos. A mesma hipocrisia daquela época subsiste na natureza pecaminosa de inúmeros líderes em nossa época. Os fariseus e os saduceus de hoje só estão mais sofisticados, possuem telefones celulares, *notebooks*, carros com injeção eletrônica e GPS. Eles podem estar no rádio e na televisão, ou atrás de alguns púlpitos de acrílico por aí, mas a hipocrisia, a mentira, a maldade, a inveja, o egoísmo, o materialismo e todos os tipos de imoralidade continuam sendo os mesmos. Os guias cegos estão vestidos com aparência de santidade e falando em nome de Deus, como se fossem as pessoas mais piedosas do planeta.

Por isso, em Mateus 23, Jesus repreendeu severamente os líderes religiosos e deixou claro os motivos de sua repreensão: *vocês são guias cegos*.

Enganadores bobos

> "Ai de vocês,... Fingidos!... Guias cegos!... Bobos e cegos!" (Mt 23:15-17)

Os líderes religiosos ensinavam o que não praticavam (Mt 23:3); mesmo assim, mantinham uma falsa aparência de santidade para serem vistos pelas pessoas, pois desse modo poderiam ser elogiados e exaltados (Mt 23:5). Porém, a resposta de Jesus àqueles que procuram atrair glória para si mesmo é sempre a mesma: "Ai de vocês... Fingidos!... Guias cegos!... Bobos e cegos!".

Eles podiam enganar as pessoas comuns, mas não a Jesus, que conhecia bem o interior do coração imundo deles. Mesmo os discípulos podiam ser enganados, por isso Jesus os exortou a não seguirem o exemplo desses líderes. Eles almejam ser chamados de mestres, líderes ou pais, acreditando que isso os colocará em uma situação superior à de outras pessoas, como se fossem dignos de glórias e honras, por isso são bobos! Enganam os outros e a eles próprios (Mt 23:8-12)!

Não há nada de errado em ser líder, desde que seja para servir e não para ser servido ou exaltado. Atrair glória para seres humanos e não a direcionar para Deus é coisa própria da liderança deste mundo, mundo dominado pelo maligno. No Reino de Deus, as coisas são diferentes das do reino do maligno: se os líderes recrutados pelo Diabo roubam, matam e destroem os líderes chamados por Deus servem aos outros a fim de levá-los a Jesus e ao crescimento espiritual; os líderes de Deus devem doar-se, transmitir vida e edificar a Igreja de Cristo! Se a liderança do mundo quer fama, fortuna e regalias, os verdadeiros servos de Cristo desejam atribuir a Ele toda honra e glória.

Mas é exatamente o oposto disso que os líderes dos judeus faziam. Eles desejavam ser reconhecidos pelas pessoas como mestres, gostavam de receber saudações respeitosas nas praças públicas e de serem reconhecidos como autoridades (Mt 23:7). Por isso, Jesus disse aos discípulos:

> **"Nunca deixe que alguém chame vocês assim. Porque somente Deus é o Mestre e todos vocês estão no mesmo nível, como irmãos." (Mt 23:8)**

Qualquer líder que procura atrair exaltação e louvor para si mesmo está tentando desviar a atenção das pessoas Daquele que realmente é digno de todo louvor e de toda adoração para os seres humanos orgulhosos e soberbos. Estes últimos não podem ser chamados de mestres ou pastores, pois são enganadores bobos!

Acordando do sono indolente

> "... aqueles que se acham grandes sofrerão desapontamento e humilhação..."(Mt 23:12a)

A solução para uma igreja já afetada pelo engano e pela apatia espiritual é: acordar, despertar, levantar, abrir os olhos para a vida no Espírito, a vida adulta ou madura, isto é, viver a unção que Deus derramou sobre os santos a fim de que O servissem, frutificassem e, assim, O glorificassem (Jo 15).

> "... Desperta, ó tu que dormes, levanta-te dentre os mortos e Cristo resplandecerá sobre ti." (Ef 5:14 NVI)

A orientação é para que recebam a plenitude do Espírito Santo todos que foram marcados para a vida eterna, mas que ainda vivem em cativeiros espirituais, cheios de desânimo e pecados que não conseguem se libertar.

Desperta! Acorda! Levanta, dorminhoco! Abra os teus olhos! A vida completa está na ação do Espírito Santo de Deus!

Que todo dorminhoco acorde ao som dos *shofares* ("buzina", em hebraico) para viver em novidade de vida! Essa novidade de vida é a vida plena cheia do Espírito Santo ou, em outras palavras, é viver a unção do Espírito Santo, servindo e produzindo frutos em abundância!

De acordo com o Novo Dicionário da Bíblia, a palavra "unção":

... no grego (*chrisma* – unção), ocorre no Novo Testamento apresentando uma advertência contra os enganadores e anticristos (I Jo 2:20-27). Os crentes, por virtude de sua unção, são todos capazes de discernir o cisma e a heresia (negação da encarnação de Cristo v.22). Num outro sentido, unção é aquilo que é usado para untar ou o ato da unção, porém, em qualquer dos casos a palavra se refere ao dom do Espírito Santo, do qual o batismo nas águas é uma representação externa.[4]

Unção, portanto, pode ser entendida como a capacitação para o serviço cristão (At 1:8; Jo 15:16). No livro de Atos, o apóstolo Lucas usa apenas a palavra "poder", referindo-se a uma unção de poder que os discípulos de Jesus receberiam com a finalidade de "testemunhar", ou seja, servir.

Verificando os resultados dessa unção na vida dos personagens bíblicos, observamos que ao receberem unção, ou a plenitude do Espírito Santo (At 2), todos foram revestidos de quatro requisitos: autoridade, amor, poder, ousadia.

- **Autoridade:** Textos como Romanos (13:1-7), Hebreus (1:3) e Mateus (26:62-64) mostram a importância da autoridade na vida dos crentes. Jesus considerou a obediência à autoridade de Deus mais importante do que o oferecimento de sacrifícios. Certamente, podemos conhecer a vontade divina quando nos sujeitamos à sua autoridade. Podemos também ser revestido da autoridade representativa de Deus,

4 DOUGLAS, J. D. *O Novo Dicionário da Bíblia*. São Paulo: Vida Nova, 2006, p. 1.639

quando a Ele nos submetemos e nos permitimos ser cheios com o Espírito Santo. Portanto, a unção traz autoridade que depende da obediência a Deus, como é o caso do Rei Saul, exemplo típico de um homem que perde a autoridade por causa da desobediência (I Sm 13).

- **Amor:** A palavra grega *phileo* (*filew*) é o termo alternativo para "ágape" (agapas), sendo mais usado no Novo Testamento para indicar afeição íntima (Jo 11:3; 36; Ap. 3:19) e o prazer de fazer coisas agradáveis (Mt 6:5). O amor fraternal (Rm 12:10; I Ts 4:9; Hb 13:1; I Pe 1:22; II Pe 1:7) significa o amor daqueles unidos na fraternidade cristã (I Pe 2:17; 5:9; o adjetivo *philadelphos* (*filadelfoi*); I Pe 3:8). Por definição, *philadelphos* não pode ser realidade fora da família da fé, mas é associado com o honrar (I Pe 2:17) e com o fazer o bem (Gl 6:10)[5]. De forma prática, onde há amor não há espaço para inveja, ciúmes, brigas, fofocas, malícia etc. Mesmo assim, é extremamente fácil e conveniente falar sobre o amor e igualmente fácil não agir com amor. As palavras sem o Espírito da Verdade acabam em nada quando o discurso é bonito e as atitudes, reprováveis. Logo, viver o amor é melhor do que o discurso, assim como a obediência é melhor do que os sacrifícios.
- **Poder:** O poder tem principalmente duas palavras gregas: *dynamis* (*dunamis*) e *exousia* (*exousian*). Embora *exousia* geralmente seja traduzida como autoridade, *dynamis* fala sobre habilidade (II Co 8:3) ou força (Ef 3:16), podendo significar também uma ação poderosa (At 2:22) ou um espírito poderoso (Rm 7:38). Jesus Cristo entrou no ministério pelo poder (*dynamis*) do Espírito (Lc 14:4) e o seu poder operava

5 Idem.

nos milagres de cura (Lc 5:17). Ele também praticava muitas obras poderosas (Mt 11:20). Isso era evidência do poder de Deus em Cristo e em seu ministério, o qual redundaria na Pentecoste – quando o Espírito Santo veio trazer o poder aos discípulos de Jesus (Lc 24:49; At 1:8; Mc 9:1). No livro de Atos, vemos o poder do Espírito operando na vida da igreja. Paulo considerava a ressurreição a principal evidência do poder de Deus (Rm 1:4; Ef 1:19-20) e via o Evangelho como o meio pelo qual esse poder podia operar na vida das pessoas (Rm 1:16; I Co 1:18).

- **Ousadia:** Conforme os dicionários, ousadia quer dizer coragem ou destemor, e é exatamente assim que deve ser expressa a confiança em Deus (Hb 13:6). A ousadia deve estar presente na oração (Ef 3:1; Hb 4:16). A Bíblia exorta suficientemente sobre isso (Js 1:7; II Cr 19:11; Jr 1:8; Ez 3:9). Os pastores e líderes, e todos aqueles que receberam unção para servir, exibiram ousadia na fidelidade ao seu rebanho (II Co 7:4), na pregação (At 4:31; Fp 1:14), na luta contra o pecado (Is 58:1) e em face da oposição (At 13:46; I Ts 2:2).

Se alguém disser que isso tudo não é mais necessário, devo dizer que está enganado ou tentando enganar, porque a ousadia não pode faltar neste quádruplo da unção: autoridade, amor, poder e ousadia. Essas são características que acompanham todos os que recebem a plenitude do Espírito Santo de Deus!

A doutrina dos homens

Longe da unção, pessoas religiosas formam doutrinas para substituírem os fundamentos verdadeiros da fé. Observe mais este alerta!

"'Tomem cuidado com o fermento dos fariseus e saduceus'. Então entenderam que não estava lhes dizendo que tomassem cuidado com o fermento de pão, mas com o ensino dos fariseus e dos saduceus." (Mt 16:11b-12 NVI)

Tanto no Antigo Testamento quanto no Novo Testamento, encontramos bases claras para repudiar as diversas doutrinas elaboradas por pessoas com o objetivo de satisfazer seus próprios interesses. Essas pessoas circulam nas sociedades contemporâneas muito mais do que nos tempos do Novo Testamento, principalmente considerando o aumento demográfico do planeta até hoje. Um exemplo dessas doutrinas: as pessoas podem acreditar que temos de praticar, hoje em dia, tudo o que Deus já ordenou na Bíblia. Correto! Mas se considerarmos poucos exemplos da Bíblia, veremos que há mandamentos localizados em um período específico, para um povo específico e em uma circunstância específica, que precisam ser avaliados com sensatez e discernimento antes de aceitarmos uma doutrina fundamentada em trechos isolados da Bíblia. Veja:

Deus fez uma aliança (Gn 6:18) com Noé (Gn 6:13-7:5), na qual estavam contidos os mandamentos a que Noé deveria obedecer (Gn 6:22 e 7:5). A construção da arca, por exemplo, parece ser um mandamento que ninguém está disposto a interpretar como algo que deva ser praticado nos dias de hoje, pelo menos não com a intenção de enganar pessoas e lucrar com isso dizendo que serão salvos de um dilúvio que devastará o mundo. Embora não tenhamos notícia disso ainda, um criacionista holandês, Johan Huibers, após ter sonhado que o país dele seria atingido por uma gigantesca inundação, decidiu criar uma réplica da arca de Noé em menores proporções – a qual se tornou uma atração turística na Holanda e chamou a atenção de pessoas de diversas partes do mundo. Mas o sucesso da arca parece ter impulsionado o holandês a um novo projeto: desta vez ele quer fazer outra arca, só que do tamanho original. Esse caso não se aplica a charlatões ou hereges que levam pessoas ao erro, apenas chama a atenção para um episódio muito importante da Bíblia, e isso é muito bom![6]

Após o dilúvio, Deus prometeu que jamais tornaria a destruir toda a carne por meio de água (Gn 9:11-17). É fácil entender que o mandamento referia-se a uma pessoa específica em um tempo específico. Mesmo assim, parece que isso também não impede que alguém, algum dia, lidere uma construção de uma arca superfaturada e consiga muitos adeptos para embarcar em uma furada!

A circuncisão (Gn 17:9-14) também foi tanto uma aliança como um mandamento dado por Deus a Abraão e aos seus descendentes (v. Gn 21:1-4; Lv 12:3). Mas esse mandamento não se aplica aos fiéis nos dias atuais (I Co 7:18-20; Gl 5:1-8; 6:12-16). O Novo Testamento mostra claramente por que não é necessário fazer hoje a circuncisão:

> "Foi para a liberdade que Cristo nos libertou... Caso se deixem circuncidar, Cristo de nada lhes servirá..." (Gl 5:1-2 NVI)

Outro exemplo foi o sacerdócio levítico (Ex 29:1-9; 40:12-16), feito sob aliança no monte Sinai, no qual Deus ordenou que somente Arão e seus descendentes servissem como sacerdotes (Nm 3:10; 16:40; 18:1-7). Mas hoje Jesus é o Sumo Sacerdote, embora ele não tenha sido um descendente de Arão. Isso prova que houve uma mudança nessa lei (Hb 7:11-18; I Pe 2:5-9).

Durante todo o Antigo Testamento (Nm 15:1-6), Deus or-

---

6 Disponível em: http://www.arkvannoach.com/.

denou que as pessoas oferecessem sacrifícios de animais (v. Gn 4:1-5; Lv 1:1-7). Mas hoje Jesus é o nosso sacrifício perfeito. Os sacrifícios de animais cessaram porque não são mais necessários, enquanto Jesus será eternamente necessário para aproximar os seres humanos do Deus Criador (Hb 10:1-18).

Inegavelmente, Deus tem dado leis diferentes para diversos povos e em tempos distintos. Mas Deus é o mesmo ontem, hoje e sempre (Hb 13:8), e isso se refere ao caráter e à natureza de Deus, não às suas leis para os homens. Os trechos das Escrituras examinados provam que o próprio Deus tem feito mudanças nas leis que deu ao povo; algumas delas descritas aqui, ou alguns poucos exemplos de como algumas leis não são mais necessárias. Ainda assim, os falsos profetas afirmam que tais leis são necessárias, e isso acontece apenas quando lhes convêm por algum motivo – como a construção de seus palácios com o dinheiro e o esforço dos fiéis. Esses são fiéis, sim, mas sem discernimento, pois não se importam em seguir líderes cujas evidências já provaram que a intenção deles é lucrar financeiramente para o proveito pessoal! Outros, baseando-se na ordem para construir o tabernáculo e o templo, constroem templos luxuosos por aí, com pedras de mármore importado e artefatos de ouro. Por outro lado, leis fundamentais são negligenciadas: "como o amor a Deus sobre todas as coisas e ao próximo como a você mesmo" (Mt 22:37)! Isso significa que, para essas pessoas, comprar casas luxuosas, carrões, viajar e construir templos lindos vale muito mais do que ajudar os necessitados que geralmente entregam as suas últimas duas moedinhas de pouco valor (*leptos*, moeda judaica de menor valor na época do Novo Testamento, v. Mc 12:42).

Deus deu alguns mandamentos a determinados indivíduos ou grupos sem nunca querer que se aplicassem a todas as pessoas, em todos os lugares: o mandamento a Abraão para sacrificar seu filho e o mandamento a Abraão e aos seus descendentes para circuncidar todos os homens (v. Rm 3:19). Se Deus quis que alguns dos seus mandamentos fossem limitados a certas pessoas em determinados lugares, e alguém toma esses mandamentos e os aplica a outras pessoas ou a si mesmo a quem Deus não pretende que seja aplicado, isso é considerado perversão à vontade perfeita de Deus e, portanto, infidelidade a Ele. Da mesma forma, são infiéis e pervertem a verdade aqueles que não obedecem a mandamentos aplicados a todas as pessoas, em todas as épocas e lugares.

A respeito do sacerdócio levítico e do sacrifício de animais, não podemos dizer que essas leis de Deus estão anuladas baseando-nos simplesmente na autoridade de um líder qualquer. A questão é entender qual é a intenção de Deus a respeito dos seus mandamentos. Se Ele determina que a lei se aplique a nós, seremos infiéis se não a obedecermos. Mas somos igualmente infiéis se obedecermos e seguirmos uma lei quando, de fato, o próprio Deus não o deseja. Pois fomos libertados da Lei (Rm 7:1-11) em que tanto o pecado como a lei são associados à morte (Rm 5:12-21; 6:14; 7:10-11; Gl 3:10). Por outro lado, a fé em Cristo leva à ressurreição e à vida (Rm 6:4; 8; 9; 23).

A resposta a uma pergunta retórica aparece sete vezes no livro de Romanos: "De modo nenhum" (Rm 6:2 e 15; 7:7 e 13; 9:14; 11:1 e 11). É uma expressão forte que Paulo usa para evitar conclusões falsas por parte de seus leitores. Quem morre não está mais sujeito à lei (Rm 7:1). Para demonstrar esse fato, Paulo fala sobre a lei do casamento (Rm 7:2-4). Essa ilustração serve, também, para frisar a vontade de Deus para o casamento. O casamento é para a vida toda, e deve ser interrompido somente pela morte de um dos cônjuges, podendo o outro se casar de novo sem pecar. Veja também: Lucas

16:18; Marcos 6:17-18 e 10:2-12; Malaquias 2:14 e 16.

Alguns acreditam em uma distinção entre a lei de Deus ("moral") e a lei de Moisés ("cerimonial"). Paulo, por exemplo, disse que os judeus não estavam mais sujeitos *à lei* (Rm 7:6) e então citou um dos mandamentos desta lei: "Não cobiçarás". Esse é um dos dez mandamentos (v. Ex 20:17). Ainda é pecado cobiçar, mas não por causa da lei antiga ou cerimonial, mas porque é condenável na Nova Aliança feita no sangue de Jesus Cristo (Ef 5:3).

Como os homens elaboram doutrinas próprias, sem fundamentação na Palavra de Deus? Eles usam a própria Palavra de Deus e distorcem o seu significado sutilmente para enganar os menos avisados, seja o engano de fazer cumprir o que Deus não intenciona que alguém cumpra, ou não fazer o que é essencial e que Deus deseja que seja feito. De uma forma ou de outra, os falsos profetas tentarão convencer de que eles possuem toda a verdade. Não há dúvidas de que esse argumento é totalmente mentiroso, ludibriador e enganoso, exatamente como o Diabo faz e sugere aos outros!

Discernindo os enganos do ego

Não é fácil encarar a si mesmo e descobrir que existe algo terrível dentro da própria alma. Coisas que podem destruir a pessoa ou destruir os outros ao redor dela. Mas é preciso encarar fraquezas, defeitos, transtornos e pecados confiando inteiramente em Deus, tanto para curar as feridas quanto para obter a vitória sobre o pecado e sobre toda a raiz do sofrimento.

Quando falamos em pecado e sofrimento, a mente do ser humano parece estar programada pelo ego a não fazer qualquer associação dessas duas realidades imediatamente com ele mesmo, veja:

- Quando se fala em pecado, a mente de um indivíduo logo associa a palavra *pecado* aos erros que outras pessoas cometem contra ele, ou contra uma terceira pessoa – dificilmente a ideia é reportada aos próprios pecados dele.

- Quando se fala em sofrimento, há uma inversão: a mente logo pensa no *sofrimento próprio* e dificilmente se reporta de maneira imediata ao sofrimento das outras pessoas. Mas a verdade tem de ser encarada: os sofrimentos que alguém passa neste mundo, na maioria das vezes, são motivados pelos próprios pecados. Outra parcela, não tão grande, é atribuída aos pecados dos outros contra a pessoa. De forma geral, o pecado dos primeiros seres humanos colocou toda a raça em uma situação de suscetibilidade a diversos problemas e maldições, a exemplo de doenças e morte (Gn 3).

Dentro desse contexto é prudente evitar todas as situações possíveis que podem trazer sofrimento. Exemplos de possíveis situações:

1. Tratar os filhos inadequadamente – isso faz com que eles carreguem traumas que podem acompanhá-los a vida toda.

2. Não conhecer a si mesmo e não trabalhar contra os pontos negativos e positivos da personalidade – isso pode trazer problemas sérios para se relacionar com os outros.

3. Não saber se relacionar bem com os outros e não buscar identificar os traumas, as fraquezas e a maioria dos desvios de personalidade que se manifesta no relacionamento interpessoal – aprender como se comportar no relacionamento interpessoal e buscar identificar os problemas que nele se revelam é bíblico, cristão, saudável e evita grande parte do sofrimento humano.

4. Envolver-se com rituais malignos acreditando que eles são inofensivos – isso aprisiona a mente e dificulta entender e a aceitar o Evangelho.

5. Pecar deliberada e conscientemente – isso tem um poder devastador contra quem pratica o pecado e contra os outros ao redor dele. Mesmo os pecados inconscientes são destrutivos. Quem não luta contra o pecado acaba sofrendo suas horríveis consequências.

Após a queda em Gênesis 3:12, Deus perguntou a Adão o que havia acontecido e Adão disse: "Foi a mulher que me deste por companheira que me deu do fruto da árvore, e eu comi". Adão culpou Deus e a mulher pelo desastre que ele ajudou a provocar. Então, Deus perguntou à mulher e ela disse que fora a serpente a culpada: "A serpente me enganou e eu comi" (Gn 3:13). Pelo menos em sua resposta a mulher parece ter se saído um pouco melhor do que Adão, pois ela não culpou a Deus e admitiu que havia sido enganada; no entanto, jogou a culpa na serpente e talvez tenha pensado que por ter sido enganada, ela e Adão não deveriam ser responsabilizados pela catastrófica consequência que já estavam sentindo chegar. De qualquer forma, o sofrimento agora seria inevitável e, embora a serpente também tenha sido responsabilizada, as pessoas não foram isentadas nem da responsabilidade pelo erro e nem das consequências dele. Sendo assim, conhecer a raiz dos sofrimentos pode nos ajudar a "arrancar o mal pela raiz"! Sabendo que o sangue de Jesus nos purifica de todo pecado (I Jo 1:7) e que ele é poderoso para nos proteger do maligno (II Timóteo 3:3)! Agora, veja duas verdades que podem nos ajudar a arrancar o mal pela raiz:

- A raiz de todos os pecados pode ser resumida nisto: a satisfação dos desejos egoístas no lugar da aceitação da vontade boa e santa de Deus (Rm 6:1-14; Hb 12:1-13; Gl 5).
- Em Efésios 6:10-20, a luta se estende para inimigos espirituais que tem muito interesse na satisfação do ego humano e no desprezo da vontade de Deus. Leia: Isaías 59:1-2; Romanos 2:20, 6:6-8 e 6:12; I Coríntios 3:3-6; Gálatas 5:16-26; Efésios 5:3; Filipenses 2:3; Colossenses 3:12; I Timóteo 1:9; Hebreus 12:1-13; I Pedro 2:11; Apocalipse 21:8.

A palavra "ego", em grego, significa "eu". Na Psicologia, o ego tem a função de regular e controlar todos os impulsos do mundo exterior que despertam a consciência. Acreditamos também que os impulsos intuitivos podem chegar à consciência e sofrer o mesmo controle do ego. Embora não precisemos descartar as suas funções normais, notamos que o ego não foi criado para governar e sim para regular todo processo que leva os seres humanos a agirem. Mas se o ego não pode ser o maioral, o que ele está fazendo no trono? O que ele está fazendo no governo da vida humana – controlando pensamentos, sentimentos e atitudes das pessoas – independente do Espírito de Deus?

Para entendermos o que aconteceu é preciso nos reportar novamente ao início, quando os seres humanos foram criados. Neles, era inerente a liberdade para escolher, a liberdade que fazia parte da própria natureza humana. Junto à liberdade, eles também carregavam o inevitável: a responsabilidade e as consequências por cada uma de suas escolhas e decisões.

Ao ler Gênesis 1-3, você verificará que a escolha errada foi um ato de desobediência e rebelião do ego contra o Governo do próprio Deus. Como era inevitável, a consequência também veio exatamente como Deus os havia alertado.

Por isso a natureza humana se tornou corrompida: o ego desgovernado passou a governar, e a alma apegou-se violentamente ao corpo físico (uma vez que perdeu a consciência do espírito). A partir daí os seres humanos, que deveriam ser governados por Deus, passaram a ser governados pelo próprio ego!

Agora, o mundo se tornou o ambiente ideal para a satisfação dos prazeres da natureza humana egocêntrica. Apesar disso, Deus dá uma ordem bem clara aos que são verdadeiramente seus filhos: "Sejam santos em tudo quanto fizerem...". Aqui podemos ver o campo de batalha pronto para a guerra: o desejo humano de satisfazer a vontade de sua natureza, e a direção do Espírito Santo que leva a satisfazer a vontade de Deus.

> "Livremo-nos de tudo o que nos atrapalha e do pecado que nos envolve, e corramos com perseverança a corrida que nos é proposta, tendo os olhos fitos em Jesus, autor e consumador de nossa fé." (Hb 12:1b NVI)

Aqueles que creem em Jesus devem estar bem preparados para essa constante luta contra o pecado – esse é o primeiro requisito. Sempre que a força no Senhor é buscada por meio da fé, das orações, da Palavra de Deus e da comunhão com a igreja, então a nova natureza espiritual vence.

O segundo requisito é exatamente uma estratégia contra a carne: se todas as vezes que o espírito é mais alimentado ele se fortalece e vence, então todas as vezes que a velha natureza é alimentada com os maus desejos, pensamentos impuros, vícios, pornografia, maledicência, fofocas, mentiras e outras coisas desse tipo, o pecado triunfa. Por isso, quem deseja ter vitória sobre os inimigos não pode alimentá-los e fortalecê-los. Pelo contrário, é preciso enfraquecer os desejos pecaminosos energeticamente. Alguns acham que reprimir os desejos não faz bem para a estrutura emocional das pessoas, outros receitam doses de pecado como tratamento nos desajustes emocionais e psíquicos alegando que não é bom reprimir os desejos pecaminosos e afirmam que faz bem liberar os desejos até certo limite suportável para a sociedade. Mas em uma sociedade sodomizada como a de hoje, o suportável para ela já é insuportável para Deus há muito tempo! Por isso, os crentes em Jesus devem viver controlados pelo Espírito Santo e devem abandonar o pecado para serem mais que vencedores (Rm 8:37).

O terceiro requisito é a honestidade ou a sinceridade. Os falsos andam sempre com um sorriso no rosto, talvez até mesmo uma Bíblia na mão ou debaixo do braço enquanto exibem um aspecto de falsa humildade, mas na realidade a vida deles é completamente diferente. Isto é, não há nenhuma santidade no interior de suas falsas aparências. Também não funciona se fingir de coitado, incapaz e inepto para se desculpar e negligenciar suas obrigações com Deus, com a igreja, com a família ou com os outros.

Esse terceiro requisito, então, se faz necessário para quem deseja ser vitorioso na batalha espiritual: Não sustentar falsas aparências de santidade – é preciso ser verdadeiro, honesto e sincero!

Lembre-se de que para vencer é preciso:

1. Ser um lutador e estar bem preparado para a batalha.
2. Deixar a velha natureza morrer de fome (Ef 4:27 – não dar lugar ao Diabo).
3. Ser verdadeiro. Não sustentar falsas aparências, fingindo ser espiritual.

"Se afirmamos que estamos sem pecado, enganamos a nós mesmos, e a verdade não está em nós." (I Jo 1:8 NVI).

Ainda bem que o apóstolo João, inspirado por Deus, pôde escrever também o verso 9:

"Se confessarmos os nossos pecados, ele é fiel e justo para perdoar os nossos pecados e nos purificar de toda injustiça." (I Jo 1:9 NVI)

O fruto estragado

Ao contrário do Espírito Santo que produz um relacionamento de amizade entre Deus e os seres humanos, o ego produz pensamentos, sentimentos, desejos e ações negativas que destroem a própria pessoa, prejudicam as outras ao redor e ainda as afastam de Deus. Esses pensamentos geralmente são motivados por demônios, mas podem ser gerados pela própria mente humana degradada pelo pecado. O pecado causa muito sofrimento não apenas no inferno, mas por aqui também, pois as consequências de uma vida desregrada, incrédula, entregue aos desejos do ego e ligada a espíritos de demônios são inevitáveis. As consequências podem chegar rápido, outras vezes levam mais de tempo, mas quando chegam destroem a vida do pecador.

Os seres humanos foram marcados pela natureza decadente governada pelo ego que luta contra a santidade – a qual é preciso manter com muito rigor. Ao contrário do que muitos pensam, lutar contra os desejos reprováveis por Deus é muito bom e mostra como deve ser a vida dos santos na luta contra o pecado, pois esses não são pecadores lutando para ser santos, são pessoas santificadas pelo sangue de Cristo lutando para que o pecado não as domine! Então, a luta pode começar a se intensificar agora, por causa de uma consciência clara sobre alguns dos pecados mencionados mais frequentemente nas Escrituras.

1. *Prostituição*

A palavra grega *porneia* quer dizer prostituição ou imoralidade. *Porneia* geralmente é colocada em evidência nas listas de pecados citados na Bíblia, ficando atrás apenas da rebelião, o mesmo que feitiçaria, e do pecado contra o Espírito Santo, que é a disposição de permanecer terminantemente em rebelião contra o Espírito de Deus. Isso pode estar indicando a gravidade desse pecado diante de Deus. Seja lá qual for a sua gravidade, uma coisa é certa, famílias têm sido destruídas por causa da prostituição e o relacionamento de milhares de casais agora mesmo estão fragilizados ou à beira de um colapso – sem falar nos filhos que sofrem e mais tarde reproduzem o exemplo desses pais. Acima de tudo, Deus não é honrado com o pecado: com nenhum pecado!

Só isso é suficiente para entender a necessidade de ficar longe da prostituição, mesmo assim muita gente não se importa com as consequências, antes preferem satisfazer os desejos da carne deliberadamente. Querem ver um exemplo?

O rei Davi preferiu não dar importância para as inevitáveis consequências da relação sexual ilícita e, assim, se prostituiu com Bate-Seba, mulher de Urias (II Sm 11). Certamente, ele não imaginou os sofrimentos que iria enfrentar após aquele passeio pelo pátio real no qual avistou Bate-Seba e a mandou chamar.

O pecado de Davi se alastrou como chama em uma floresta sob meses de Sol quente, consumindo a sua paz e a sua santidade, abrindo caminho para outro pecado, o assassinato de Urias, marido de Bate-Seba. Depois de ter satisfeito a carne, foi só esperar as consequências chegarem.

A primeira consequência: junto ao fruto do relacionamento de Davi e Bate-Seba veio também a doença do filho. A segunda: a espada estaria sobre a sua descendência. A essa altura, nem a humilhação de Davi, nem seu choro ou seus jejuns foram suficientes para impedir os resultados malévolos do pecado sobre ele.

> "Por que você desprezou a Palavra do Senhor, fazendo o que ele reprova? Você matou Urias, o hitita, com a espada

dos moabitas e ficou com a mulher dele. Por isso, a espada nunca se afastará de sua família, pois você me desprezou e tomou a mulher de Urias, o hitita, para ser sua mulher." (II Sm 12:9-10 NVI)

Davi perdeu o seu filho e sofreria consequências ainda maiores caso ele não reconhecesse seu pecado, se arrependesse profundamente de tê-lo cometido e pedisse sinceramente o perdão de Deus.

"Pequei contra o Senhor, confessou Davi..." (II Sm 12:13 BV)

2. *Impureza*

Os pensamentos impuros, a imoralidade sexual e todo tipo de ações que não combinam com a santidade de Deus são considerados como impureza moral ou sujeira espiritual (II Co 12:21; Rm 1:24; Ef 4:19; 5:3; Cl 3:5; I Ts 2:3).

No Antigo Testamento, a palavra "impureza" era usada para uma pessoa que não estivesse em condições de participar das cerimônias do templo na presença de Deus por ter transgredido qualquer mandamento, como comer animais proibidos pela lei (Lv 20:25) ou praticar sexo ilícito (Lv 18:19-30).

O significado central da palavra "impureza" em grego (*akatharsia*) vai além das coisas práticas, como os atos imorais. Impureza refere-se também ao que está mais intimamente relacionado com os pensamentos. A má intenção é impureza moral e não está dissociada do ato impuro. Se alguém pensou qualquer maldade, mesmo não a praticando, já se contaminou e perdeu a condição de pureza para entrar na presença de Deus. Esse é o motivo das constantes exortações de Deus ao seu povo:

> "Pois eu sou o Senhor, o Deus de vocês; consagrem-se e sejam santos, porque eu sou santo." (Lv 11:44a NVI) Obs: Veja também Levíticos 10:1-2.

Os pensamentos impuros podem ser tão sujos e agressivos à santidade que foram tratados com muita severidade e seriedade por Jesus em diversas ocasiões, como esta descrita por Mateus:

> "Mas eu lhes digo: Qualquer que olhar para uma mulher para desejá-la, já cometeu adultério com ela no seu coração." (Mt 5:28 NVI)

É importante notar que as impurezas grudam fortemente na mente humana e, mesmo que alguém tenha um sincero desejo de se livrar delas, pode não ser fácil. Por isso, é necessário resistir ao pecado forte e continuamente!

3. *Lascívia*

Lascívia ou ansiedade desenfreada pelos prazeres da carne ou desejos egoístas. Pode também ser contada ao lado da prostituição e da impureza. A palavra grega *aselgeia* também é usada para impureza (II Co 12:21), mas reflete um estado ainda mais deplorável da fraqueza humana. A pessoa lasciva desconsidera completamente as outras pessoas, não se importando com o que os outros possam pensar sofrer ou sentir – tudo que importa é a satisfação pecaminosa do desejo pessoal.

O comentário de Willian Barclay, em seu livro *As obras da carne e o fruto do espírito*, vai nos ajudar a entender melhor esse estado: "A lascívia é o pecado aberto e atrevido que deixa de ter qualquer consideração pelo próximo" (1992, p. 33).

O que lemos nos jornais é assustador: políticos famosos, artistas, grandes empresários e até mesmo pastores de renome cedem às tentações e, às escondidas, levam uma vida lasciva. Se os próprios líderes, os "modelos para a sociedade", e até mesmo alguns dos líderes espirituais não estão vivendo em santidade como Deus exige, imaginem como está o povo!

Apesar disso, em Romanos 13:13-14, nós lemos a advertência do Senhor, que mostra também como marcar mais um ponto para a vitória sobre a lascívia:

> "... Não gastem tempo em festas desenfreadas, nem se embebedando, ou no adultério e na imoralidade, ou em brigas e ciumeiras."

Envolver-se com coisas assim é o mesmo que marcar um gol contra, ou talvez mais de um. Seja como for, quem deseja a vitória não vai querer marcar pontos para o adversário. Ou você acha que vai?

> "Revistam-se do Senhor Jesus Cristo, e não fiquem premeditando como satisfazer os desejos da carne." (Rm 13:14 NVI)

4. *Idolatria*

É impressionante que existam idólatras cristãos, mesmo sendo uma prática veementemente condenada pelo cristianismo e fortemente condenada no Antigo Testamento.

Ou esses "cristãos" não seriam cristãos de verdade? Você mesmo pode responder depois de ler o que vem a seguir.

Os vários deuses do paganismo eram representados por pinturas, esculturas em madeira, barro, metais preciosos etc., e tanto nos relatos do Antigo Testamento quanto do Novo Testamento verificamos que os adoradores de imagens sempre as utilizaram para chegar ao deus que supõem estar representado em determinada imagem. Aqui, nós temos então um pecado duplo. Veja por quê:

> "Não terás outros deuses além de mim. Não fará para ti nenhum ídolo, nenhuma imagem de qualquer coisa no céu, na Terra, ou nas águas debaixo da Terra. Não te prostrará diante deles nem lhes prestará culto, porque eu, o Senhor, o teu Deus, sou Deus zeloso..." (Ex 20:3-5 NVI)

O primeiro pecado é o "simples" ato de fazer uma imagem com o intuito de representar uma divindade ("não faça ídolos"), seja a imagem como for: na forma de um animal, na forma de uma pessoa, de um anjo ou de qualquer outra coisa. Fazer um ídolo, por mais rústico ou sofisticado que seja, é desobedecer a uma ordem clara do Senhor e, portanto, é pecado. Uma escultura ou pintura com cunho artístico pode ter outro significado, embora também possa se tornar um objeto de adoração. Mas qualquer objeto criado com a intenção de representar uma divindade ou semidivindade certamente incorre nesse pecado gravíssimo aos olhos do Senhor.

O segundo pecado é adorar a imagem. Não importa o que ela esteja representando, seja uma pessoa importante que viveu no passado, seja um animal, uma representação da natureza como o Sol ou a Lua, ou figuras representando personagens mitológicas que fazem parte da cultura de algum povo, tribo ou nação. Pois adorar por meio de um objeto, ainda que a intenção seja adorar ao Deus verdadeiro é idolatria; dirigir-se a qualquer imagem e reverenciá-la é pecado, um pecado severamente condenado pelas Escrituras Sagradas.

E mais: em I Coríntios 10:19, o apóstolo Paulo diz que o adorador de imagens está de fato adorando e entregando seus sacrifícios a demônios. Isso quer dizer que não importa a aparência da imagem que o idólatra esteja adorando: bonita, feia, bem trabalhada ou não, de barro, de ouro, representando um deus egípcio ou babilônico, talvez um deus oriental, e até mesmo a representação de um anjo, Jesus Cristo, os apóstolos etc. Observe que estamos falando também de imagens que representam os apóstolos de Jesus, Maria, a mãe de Jesus, e até mesmo a imagem que representa o próprio Jesus ou Deus ("não façam ídolos... nem de qualquer coisa que existe em cima do céu, nem embaixo na Terra")!

O apóstolo Paulo explica que a adoração a imagens é um recurso pagão para se associar aos demônios, jamais nenhum profeta ou apóstolo pensou em adotar isso para o cristianismo. O motivo é simples: adorar imagens é condenado por Deus (Ex 20; Dt 5) e pelo cristianismo; portanto, é uma prática abominável para os cristãos (I Co 10).

> "... Será que o sacrifício oferecido a um ídolo é alguma coisa? Ou o ídolo é alguma coisa? Não! Quero dizer que o que os pagãos sacrificam é oferecido aos demônios e não a Deus, e não quero que vocês tenham comunhão com os demônios."
> (1 Co 10:19-20 NVI)

Há muitos deuses no mundo! Porém, só existe um Deus de verdade sobre tudo e todos. Além disso, não há necessidade alguma de fazer imagens ou figuras com a finalidade de adorar a Deus.

Quem conhece Jesus Cristo como único Salvador, Aquele que une a pessoa a Deus, tem acesso direto ao Pai (Mt 27:51; II Co 3:16).

> "Pois há um só Deus e um só mediador entre Deus e os homens: o homem Cristo Jesus, o qual se entregou a si mesmo como resgate por todos..." (I Tm 2:5-6 NVI)

5. *Inimizade*

Existe inimizade de todos os tipos, no meio de todos os povos e em todas as épocas. Hoje, somos testemunhas oculares de guerras, preconceitos raciais, separações de casais aos milhões etc. Há tanta inimizade entre as pessoas e muitas não sabem que o desejo mais profundo de Deus é que elas tenham paz com Ele mesmo através de Jesus Cristo e com as outras pessoas também. O relacionamento de amizade surge como reflexo desta união com Jesus.

O salmista descreveu essa paz da seguinte maneira: "Como é bom e agradável quando os irmãos convivem em união!" (Sl 133:1 NVI).

Sermos amigos e estarmos unidos deveriam ser o nosso propósito como sociedade, comunidade e principalmente como igreja. Sabem por que principalmente como igreja? É muito simples: as pessoas que foram unidas pelo mesmo Espírito Santo e lavadas no mesmo Sangue, o Sangue de Jesus Cristo, têm motivos, além dos motivos naturais, para "serem amigas e estarem sempre juntas".

Mas nem sempre essa é a realidade em muitas igrejas, seja na igreja atual ou na igreja em Corinto, por volta dos anos 50 da era cristã.

Vamos ler as advertências do apóstolo Paulo para uma igreja facciosa e cheia de intrigas, como a igreja em Corinto:

> "Irmãos, não lhes pude falar como a espirituais, mas como a carnais, como a crianças em Cristo. Dei-lhes leite, e não alimento sólido, pois vocês não estavam em condições de recebê-lo. De fato, vocês ainda não estão em condições, porque ainda são carnais. Porque, visto que há inveja e divisão entre vocês, não estão sendo carnais e agindo como mundanos?" (1 Co 3:1-3 NVI)

Você pode imaginar como o Diabo fica contente quando uma pessoa está armando uma arapuca para a outra, maldizendo, ou aceitando as ideias de um grupinho só para contrariar o outro, caluniando, excluindo alguém por ciúmes, inveja ou intriga? Agora, imagine se isso acontece dentro da igreja? O Diabo vai dar pulos de alegria! Não vai?

6. *Ciúmes*

A palavra "ciúmes" tem duas maneiras de ser aplicada: ou para falar de um sentimento reprovável ou para falar de um sentimento bom quando caracteriza um caloroso e sincero afeto. Este último é o tipo de ciúme que Deus demonstrou quando advertira o povo sobre a idolatria (Ex 20:5; Is 9:7). A palavra ciúme em grego é *zelos* e pode, portanto, ser usada para descrever um sentimento bom ou um sentimento excessivo e obstinado, característico da natureza carnal dos seres humanos.

A inveja, por sua vez, não tem maneira boa ou ruim de ser, é sempre um sentimento perverso que prejudica tanto quem sente inveja quanto o alvo dela. Trata-se de um sentimento que causa insatisfação no invejoso diante do sucesso dos outros. Geralmente, o invejoso inveterado prefere rir quando alguém chora e chorar quando alguém sorri. Há quem diga que a inveja e a cobiça são boas fontes propulsoras para as pessoas alcançarem objetivos mais elevados na vida – mas não é isso o que a Bíblia ensina. A Palavra mostra que pessoas cheias do Espírito Santo de Deus não precisam desses sentimentos para vencer na vida e que sentimentos como o amor, a bondade, a fidelidade e o domínio próprio produzem muitos frutos bons (Gl 5:22)! Infelizmente, a inveja, sentimento perverso, pode ser constatada nas atitudes de muita gente nas igrejas. Alguém que tenha um dom genuíno na área da música, da palavra, do discernimento, sabedoria etc. pode ser alvo da inveja de outros que, ainda que possuam dons, são pessoas imaturas e cedem aos sentimentos perversos da natureza humana.

Jesus foi alvo do ciúme perverso e da inveja dos líderes religiosos daquela época. Eles procuraram uma maneira de prejudicar Jesus tentando pegá-lo em alguma falha, mas não conseguiram; então acabaram crucificando-o sem nenhuma justificativa, senão a própria inveja dos líderes religiosos daquela época.

É claro que Deus tinha seu plano de salvação com a morte de Jesus e o concluiu perfeitamente. Porém, Jesus morreu sem nenhuma culpa, sem merecer a pena de morte e sem merecer ser crucificado com dois ladrões ao seu lado. Mesmo assim, a inveja de seus adversários foi implacável, e o motivo da vontade de Deus também: o grande amor pelos pecadores (Jo 3:16).

> "Pilatos perguntou à multidão que ali havia se reunido: Qual desses vocês querem que lhes solte: Barrabás ou Jesus, chamado o Cristo? Porque sabia que o haviam entregado por inveja." (Mt 27:17-18 NVI)
>
> Obs.: Leia também 1 Coríntios 3:3 e Gálatas 5:15.

7. *Ira*

A ira (*qumos*) também pode ser entendida em dois sentidos: primeiro, quando estamos irados com o mal para destruí-lo e acabar com ele em nossa vida – esse é um sentimento benigno, é uma revolta contra o erro. Segundo, a ira pode adoecer a pessoa irada ou levá-la a agredir o próximo. Mesmo a ira contra o mal pode ser muito perigosa, pois não podemos nos esquecer de que as pessoas não devem ser destruídas, apenas o mal que possa estar nelas ou em nós mesmos.

A palavra "ira" em grego é *thumos* e geralmente é usada negativamente. Deixar que a ira domine você é sempre um mau negócio, e exatamente nisso está o grande problema: as pessoas geralmente não têm autocontrole suficiente para não permitir que ela se apos-se delas; a partir daí, as consequências vão dizer por si mesmas e mostrar quais são os prejuízos de permitir o domínio da ira.

No livro do Apocalipse, a palavra é frequentemente usada para se referir à ira de Deus contra todo o mal. Mas também é usada para se referir à violência com a qual o Diabo vem sobre a Terra, sabendo que pouco tempo lhe resta antes que Jesus o destrua junto a todo principado e potestade das trevas.

Thumos é, de qualquer forma, um sentimento tão perigoso para os seres humanos que a palavra de Deus adverte-nos para que a apaziguemos em nossa vida.

> "Quando vocês ficarem irados, não pequem. Apaziguem a sua ira antes que o sol se ponha, e não deem lugar ao Diabo." (Ef 4:26-27 NVI)

8. *Discórdia*

A relação entre as palavras "discórdia", "facção" e "heresia" é muito estreita, portanto, vamos considerá-las juntas como todo tipo de divisão e desentendimentos causados por pensamentos e opiniões diferentes.

A igreja deveria ser o último lugar para se pensar em coisas como facção, discórdia e heresia, mas, infelizmente, isso existe em quantidades intoleráveis. Com isso, o inimigo consegue obscurecer a verdade – confundindo quem está procurando entrar no Reino de Deus. Quem pretende facilitar a entrada de pessoas no Reino de Deus precisa parar de impedi-las com tantas facções e distorções da verdade.

Os comportamentos facciosos não provêm do Espírito Santo de Deus, e sim provam que os praticantes estão agindo pela natureza carnal. Além disso, essas pessoas perdem completamente a direção que Jesus apontou para que não errassem o alvo.

> "Completem a minha alegria, tendo o mesmo modo de pensar, o mesmo amor, um só espírito e uma só atitude." (Fp 2:2 NVI)

Seguindo esse pensamento, o apóstolo Paulo continua: não sejam egoístas, não vivam para causar boa impressão aos outros. Sejam humildes, considerando os outros como sendo melhores do que vocês mesmos. Veja:

> "Nada façam por ambição egoísta ou por vaidade, mas humildemente considerem os outros superiores a si mesmos. Cada um cuide, não somente dos seus interesses, mas também dos

interesses dos outros. Seja a atitude de vocês a mesma de Cristo Jesus." (Fp 2:2-5 NVI)

É difícil falar em facção em igrejas e não mencionar a igreja em Corinto, para a qual o apóstolo Paulo mandou uma carta tremendamente esclarecedora sobre o que Deus queria para a sua igreja e qual era a raiz de todo tipo de facção (v. I Co 3:1-4).

9. *Religiosidade*

(Mc 2:24; Lc 6:2; 13:14; Jo 5:10; At 15:5; 16:3; 21:20; Rm 10:2; Gl 1:14)

A religiosidade, ou falsa religião, caracteriza-se basicamente pelo cumprimento estereotipado de leis e normas, especialmente aquelas criadas por pessoas. Muito embora as normas prescritas pela Palavra também estejam incluídas aqui, existe um detalhe que faz toda a diferença: as normas, as leis e os paradigmas são obedecidos rigorosamente enquanto o coração está completamente distante do verdadeiro significado espiritual que o Senhor deseja; ou ainda, negligenciam as coisas mais importantes enquanto supervalorizam aquelas que oferecem maior destaque ou prestígio humano.

> "Ai de vocês, mestres da lei e fariseus, hipócritas! Vocês dão o dízimo da hortelã, do endro e do cominho, e têm negligenciado os preceitos mais importantes da lei: a justiça, a misericórdia e a fidelidade. Vocês devem praticar estas coisas, sem omitir aquelas." (Mt 23:23 NVI)

"'Para que me oferecem tantos sacrifícios?', pergunta o Senhor... 'Parem de trazer ofertas inúteis! O incenso de vocês é repugnante para mim'... 'Não consigo suportar suas assembleias cheias de iniquidade'... 'Lavem-se! Limpem-se!'... 'Parem de fazer o mal e aprendam a fazer o bem'." (Is 1:11, 13, 16 e 17 NVI).

As características mais comuns da falsa religião ou religiosidade vazia são as seguintes:

a. **Cerimonialismo:** Os atos do culto ao longo dos tempos foram se modificando conforme o cumprimento das profecias e conforme os costumes e a cultura do povo de Deus. O escritor da carta aos Hebreus fala sobre isso:

> "Ora, a primeira aliança tinha regras para a adoração e também um tabernáculo terreno... Estando tudo assim preparado, os sacerdotes entravam regularmente no Lugar Santo do tabernáculo, para exercer o seu ministério... Isso é uma ilustração para os nossos dias, indicando que as ofertas e sacrifícios oferecidos não podiam dar ao adorador uma consciência perfeitamente limpa. Eram apenas prescrições que tratavam de comida e bebida e de várias cerimônias de purificação com água; essas ordenanças exteriores foram impostas até o tempo da nova ordem." (Hb 9:1, 6, 9, 10 NVI)

Bruce Shelley (1984, p. 80) diz que a adoração "pode envolver alegria, instruções e planos de ação, mas o âmago de tudo é sempre a relação dos adoradores com Deus. A alegria da adoração está em Deus. Sua instrução está na vontade de Deus. Seus planos de ação acham-se ligados aos propósitos de Deus. A centralidade de Deus faz da adoração aquilo que ela é".

A nossa forma de cultuar, os rituais, as cerimônias, as festas e os dias que consideramos santos ou especiais para a adoração, ou para a realização de qualquer ofício da igreja, não estão acima do mover do Espírito de Deus. Pois Deus transmite a Sua vontade e pode perfeitamente sujeitar nossos costumes à Sua própria vontade, em outras palavras: Deus pode mudar nossos cerimoniais e nossos costumes assim como Ele já fez muitas vezes e continuará fazendo.

Pessoas que se apegam às cerimônias acima da vontade e do mover de Deus podem estar indicando uma das características de quem pratica uma falsa religião e está escondendo os seus pecados e temores atrás desses ritos religiosos.

b. **Hipocrisia:** Quem se sentiria bem sendo classificado como hipócrita? Certamente ninguém, absolutamente ninguém, a não ser talvez o Diabo. Ele, o Diabo, não deve se importar com esse título, uma vez que possui tantos outros dessa categoria. Mas exatamente por que ninguém gosta de ser considerado hipócrita e se sente ofendido quando alguém lhe classifica assim, é que se torna mais difícil reconhecer que, de fato, é um hipócrita!

   Hipocrisia é falsidade, fingimento, simulação ou falsa devoção. Os religiosos, como veem, são aqueles que professam uma religião, se apegam tenazmente a ela, porém, seu coração está longe do significado espiritual daquela religião ou das práticas e dos rituais que tanto valorizam. Esse tipo de pessoa não é encontrado apenas em igrejas cristãs e não é exclusividade da nossa época. O salmista já falava a respeito desse tipo de pessoa, religiosa, porém, falsa: "Lisonjeavam-no, porém, de boca, e com a língua lhe mentiam" (Sl 78:36). O Senhor Jesus foi ainda mais severo e disse: "Nem todo o que me diz: 'Senhor, Senhor!' entrará no reino dos céus..." (Mt 7:21).

c. **Legalismo:** Cumprir normas e regras está longe de ser algo ruim ou pecaminoso, pelo contrário, é necessário. Acontece que isso pode servir de escudo para os legalistas. Afinal, quem pode dizer para o cumpridor rigoroso das normas e das regras da igreja, por exemplo, que ele está cometendo algum erro ou está sendo falso ou pecaminoso em suas atitudes? Bem, eu conheço alguém que pode, na verdade Ele já fez isso antes e até morreu em uma cruz por ter revelado a falsidade religiosa de pessoas que eram consideradas com o maior grau de santidade. Jesus disse aos líderes religiosos da sua época: "E se o homem pode ser circuncidado em dia de sábado, para que a lei de Moisés não seja violada, por que vos indignais contra mim, pelo fato de eu ter curado, num sábado, ao todo, um homem?" (Jo 7:23).

Muito tempo antes de Jesus ter dito essas palavras, o profeta Isaías também havia advertido pessoas com o mesmo problema, exatamente por terem uma liderança legalista que preferia ver uma regra humana sendo observada a uma pessoa sendo restaurada ou à vontade de Deus sendo cumprida. Por isso não é de admirar que o povo siga um caminho semelhante.

> "O Senhor diz: 'Esse povo se aproxima de mim com a boca e me honra com os lábios, mas o seu coração está longe de mim. A adoração que me prestam é feita só de regras ensinadas por homens'." (Is 29:13 NVI)
>
> Obs.: Veja também Isaías 58:2 e Mateus 15:8.

Há muitas provas incontestáveis de que os seres humanos carregam até hoje o mesmo problema de Caim (Gn 4), o mesmo problema relacionado com o povo de Israel e os seus líderes religiosos, o mesmo problema dos fariseus e saduceus na época de Jesus – "o legalismo": a arte de cumprir rituais, regras e preceitos religiosos de uma forma falsa e dissimulada, que prioriza o exterior e não o interior, que faz tudo perfeito exteriormente, mas que deixa Deus de fora do próprio coração. Esses problemas são antigos, egoístas e diabólicos, e são inaceitáveis para quem pretende andar na luz (I Ts 5:5). Aqueles que "adoram a Deus em espírito e em verdade" devem estar longe disso, embora devamos admitir que o joio existe no meio do trigo (Mt 13:25-38)!

d. **Autossalvação:** O caso de Nicodemos merece muita atenção, principalmente porque Jesus lhe deu algumas orientações imprescindíveis para qualquer pessoa que deseja ser salva e não sabe exatamente o caminho – embora esteja tentando vários, nenhum lhe satisfaz plenamente. Jesus disse a Nicodemos: "Ninguém pode entrar no Reino de Deus se não nascer da água e do Espírito" (Jo 3:5). Nicodemos era um homem muito religioso e temente a Deus. Ele seria como um dos líderes religiosos da nossa época, um padre ou um bispo. Contudo, Jesus lhe afirmou que só poderia entrar no Reino de Deus se nascesse do Espírito de Deus.

Muitas pessoas acreditam que serão salvas por causa da igreja ou de sua religião; dizem que nasceram em determinada igreja ou religião e que, portanto, vão morrer nela! Se continuarem pensando assim, vão morrer nela mesmo, mas não somente a morte física – vão morrer espiritualmente também.

Pertencer a uma igreja ou frequentar uma religião, ainda que seja uma excelente cumpridora de suas normas e regras, não ajudará a pessoa a alcançar a graça da salvação e o Reino de Deus.

Outro exemplo é o caso do fariseu que buscava ser salvo pelo próprio esforço. Parafraseando o que Jesus conta a respeito do que o fariseu dizia: "sou uma boa pessoa, procuro fazer o bem, nunca roubei e não desejo o mal para ninguém". Jesus disse que o fariseu orava para si mesmo, por isso não foi salvo e sim o publicano, que reconheceu que as obras estereotipadas, ações religiosas sem um coração quebrantado na presença de Deus, não faziam efeito. Por isso, o publicano derramou o seu coração na presença de Deus em arrependimento.

O próprio apóstolo Paulo, antes de sua conversão, buscava ser salvo pela obediência à tradição dos antigos e aos mandamentos, como muitos religiosos que guardam com sinceridade a tradição dos parentes ou de uma igreja. Mas ele diz em Atos 22-23 que as práticas de nada valeram para salvá-lo – foi preciso encontrar-se com o Salvador (v. Gl 3:10-11; Ef 2:8-9; Rm 1:16).

Como vencer os enganos

Um dos grandes questionamentos dos seres humanos é: por que sofremos? Quais são as raízes do sofrimento e o que pode ser feito para acabar ou amenizar tanto sofrimento? Bem, podemos considerar seis raízes do sofrimento e afirmar que entendê-las não é, de fato, o maior dos problemas e sim cortá-las. De qualquer forma, é preciso entender a causa antes de qualquer coisa, do contrário não se saberá como agir para resolver a situação problemática do sofrimento. Então, veja abaixo motivos pelos quais as pessoas sofrem.

Se alguém está sofrendo enfermidades, por exemplo, pode ser por questões genéticas, por acidentes ou fatalidades da vida, mas a possibilidade de ter sido iludido e enganado pelo ego, pelo mundo ou pelo Diabo é muito grande. Portanto, é importante considerar todas as possibilidades, tanto psíquicas quanto somáticas ou espirituais. Então, descobrir a verdadeira causa do sofrimento é o primeiro passo. O segundo passo é crer que o Senhor agirá. E o terceiro, o Espírito de Deus dará a saída!

> "Embora vivamos como homens, não lutamos segundo os padrões humanos. As armas com as quais lutamos não são humanas, ao contrário, são poderosas em Deus para destruir fortalezas. Destruímos argumentos e toda pretensão que se levanta contra o conhecimento de Deus, e levamos

> cativo todo pensamento, para torná-lo obediente a Cristo." (II Co 10:3-5 NVI)

Obs: Falaremos também de questões como a ansiedade, a angústia, a aflição, a dor e a tribulação, por exemplo. Esses assuntos, embora sejam considerados enfermidade na Psicologia, já foram ensinados por Jesus há muito tempo: ele disse que não devemos ficar ansiosos por coisa alguma (I Pe 5:7); que o Senhor é fortaleza no dia da aflição (Naum 1:7) etc.

Por isso, proponho que responda atentamente os questionários a seguir. Eles foram elaborados a partir de textos da Bíblia como Gálatas 5 e mais algumas dezenas de outros trechos das Escrituras sagradas a partir de Gênesis 3 (em que fala sobre o início do pecado e a queda humana) até Apocalipse (22:14-15).

> "Felizes os que lavaram as suas vestes, e assim tem direito à árvore da vida e podem entrar na cidade pelas portas. Fora ficarão os cães, os que praticam a feitiçaria, os que cometem imoralidades sexuais, os assassinos, os idólatras e todos os que amam e praticam a mentira." (Ap 22:14-15 NVI)

Marque com uma cruz (+) indicando as áreas que necessitam de reparação e, em seguida, repita em voz alta (se for possível) as declarações de renúncia do pecado. Se for um grupo de irmãos e irmãs, leia em conjunto todos os itens.

Feridas na alma (Is 53:4-6)

Por não conhecer os próprios mecanismos psicológicos e não conseguir lidar com eles, o indivíduo é enganado pelo ego e, então, suas atitudes e decisões erradas lhe trazem consequências negativas que o fazem sofrer (Pv 3:5)!

- Traumas – Você guarda em sua mente algumas cenas que estão sempre voltando à superfície? Cenas que não deixam você em paz, mas retornam repetidamente? Ou talvez se repitam em seus sonhos? Imagens mentais (memória) tão fortes que chegam a interferir em sua vida? É muito importante que você fale com o seu líder a respeito disso mais tarde!
- Mágoas – Está ressentido com alguém?
- Humilhação – Foi humilhado e isso o feriu muito?
- Horrores – Os temores possuem origem em experiências amedrontadoras, ensinamentos doentios e relacionamentos negativos do passado. Eles podem gerar:

  Medo do escuro.
  Medo de ser abandonado ou deixado sozinho.
  Medo do fracasso – não conseguir fazer nada que valha a pena.
  Medo de perder o controle da mente e das emoções.
  Medo do sexo, de pensamentos ou desejos sexuais.
  Medo das pessoas, ou de confiar nelas.
  Medo das doenças graves como o câncer, AIDS e outras.
  Ódio – Sente muito ódio?

  Como você se sente agora: Abandonado – Totalmente só – Aniquilado – Em pânico – Como um lixo – Envergonhado – Sujo – Injusto – Enjaulado – Rejeitado – Indigno – Desesperado – Sem saída – Arrasado – Traído. Por quê?

- Você é muito ansioso? Com relação a quê, principalmente?

• Você tem algum tipo de obsessão? Um desejo incontrolável? Algo que não deixa a sua mente? O que é?
• Sua cabeça dói quando passa por algum tipo de experiência que lhe é desagradável? Pode descrever que tipo de experiência?
• É incapaz de sentir-se perdoado?
• É incapaz de confiar e render-se completamente a Deus?
• É cheio de perguntas intelectuais e dúvidas teológicas?
• É excessivamente perfeccionista?

Mapa do comportamento humano

- ansiedade
- obsessão
- medo
- hidocondria
- histeria
- exagero
- fixação
- perfeccionismo
- fracasso
- angústia
- infidelidade
- indiscrição
- intolerância
- tristeza
- indecisão
- desmotivação
- ambição
- idealismo
- maledicência
- impetuosidade
- egocentrismo
- ira

Decisões erradas

• Decisões que envolvem a vida pessoal: emprego, estudo, lazer, estilo de vida.
• Decisões que envolvem a vida interpessoal: família, parentes, amigos, colegas, igreja.
• Decisões que envolvem a vida afetiva: formação de nova famí-

lia, relacionamentos íntimos.
• Decisões que envolvem a vida espiritual.

Agora, você tomará a decisão certa no vale de Jaboque (Peniel) – Gênesis 32:22-32.

Vínculos pecaminosos (Gl 5:19-21)

Há sofrimentos que vêm por não lutarmos contra a tendência humana mais primitiva: "o pecado". Pois é exatamente o pecado que nos afasta de Deus e de Sua proteção, como consequência vem o sofrimento e até a morte (Pv 3:11-12; Is 59:1-2)!

• Está envolvido com jogos de azar? Quais? Declaração: Eu renuncio os jogos de azar que tenho praticado!
• Já assistiu a filmes pornográficos? Leu revistas pornográficas? Quando foi a última vez? Declaração: Eu renuncio a pornografia em minha vida!
• É difícil ser submisso às autoridades? Especifique. Declaração: Eu renuncio a insubmissão e a rebeldia em minha vida!
• Possui alguma tatuagem em seu corpo ou é apegado a algum símbolo? O quê? Declaração: Eu renuncio os símbolos aos quais me apeguei!
• Tem algum vício (fumo, drogas, jogos de azar etc.)? Qual vício? Declaração: Eu renuncio todos os vícios que tenho!
• Você já praticou roubo, furto ou defraudou alguém? Quem e como foi? Declaração: Eu renuncio os roubos e as defraudações que já pratiquei em minha vida!
• Desonrou o pai e a mãe? Ou está ressentido com eles? Declaração: Eu renuncio todo ressentimento e desonra aos meus pais!

• Você é ansioso ou depressivo? O que deixa você assim? Declaração: Eu renuncio toda ansiedade e depressão que possuo!

• É hipocondríaco (preocupação obsessiva com o próprio estado de saúde)? Declaração: Eu renuncio toda a preocupação excessiva com a minha saúde!

• Tem crises nervosas? Quando foi a última vez? Declaração: Eu renuncio toda a crise nervosa!

• É glutão? Como é a sua rotina de alimentação? Declaração: Eu renuncio a glutonaria e a má alimentação!

• Mente facilmente? Qual foi a última vez que contou uma mentira? Declaração: Eu renuncio a mentira!

• Praticou sexo antes do casamento ou extraconjugal? Com quem? Declaração: Eu renuncio os pecados sexuais em minha vida!

• Está lutando contra algum pecado sem conseguir vencê-lo? Qual pecado? Declaração: Eu renuncio todo pecado e declaro que sou livre pelo sangue de Jesus!

• Masturba-se frequentemente e alimenta pensamentos obscenos, fantasiando-os? Declaração: Eu renuncio todo pecado sexual em minha mente!

• É excessivamente apegado a: carros, roupas, casa, passeio, futebol, trabalho etc.? Declaração: Eu renuncio o apego excessivo à matéria e a todo tipo de objeto de vaidade!

• Tem ressentimento? De quem? Declaração: Eu renuncio todo ressentimento que existe em mim!

• Sente algum tipo de compulsão ou obsessão? Em relação a quê? Declaração: Eu renuncio todo desejo compulsivo da minha alma!

• Você sente desejos relacionados com: Dom juanismo – Narcisismo – Pedofilia – Sodomia – Fetichismo sexual – Sadismo – Masoquismo – Necrofilia – Cleptomania – Travestismo – Homos-

sexualismo – Erotomania – Ninfomania, Satiríase – Erotolália?
Declaração: Eu renuncio desejos desse tipo em minha vida!

Então, conhecer os motivos dos sofrimentos já é um grande passo para a solução, mas ainda não é tudo: é necessário que você se aproxime de Deus com um coração arrependido e com fé no único Salvador, porque o Espírito Santo sempre guia os verdadeiros e sinceros servos do Senhor em harmonia com a Bíblia.

No passado, os profetas e os servos de Deus usavam recursos impressionantes para mostrar como a luta contra os inimigos acontecia no mundo espiritual e se refletia no mundo físico: os símbolos e os atos proféticos. Estes foram usados para representar uma realidade do mundo espiritual, para selar a derrota dos inimigos do povo de Deus sob a orientação do próprio Deus e para marcar visivelmente aos pagãos que os deuses deles haviam sido derrotados. Hoje, nada é mais poderoso do que o Sangue de Jesus representado pelo Cálice Sagrado na ceia da comunhão (o pão e o cálice). Por meio do Sangue de Jesus há salvação e libertação dos pecados. Através dele, o batismo nas águas mostra a vitória sobre a morte, em que o pecador passa da morte para a vida, ou das trevas para a luz. Aqueles que creem têm, portanto, o inseparável amor de Deus em Jesus, o Espírito Santo, os anjos, a armadura de Deus e a Palavra de Deus. Tudo isso para orientar, defender e dar a vitória completa sobre todo o mal. Por isso, não dá para perder a luta, o crente só pode dizer que é vencedor, ou melhor, mais que um vencedor!

> **"Mas, em todas essas coisas somos mais que vencedores, por meio daquele que nos amou." (Rm 8:37 NVI)**

Alguns dos principais símbolos e atos proféticos realizados pelo povo de Israel na luta contra os inimigos espirituais são uma representação física de uma realidade espiritual muito utilizada pelos servos do Senhor no passado e pelo próprio Jesus. Então, veja os textos bíblicos apresentados e saiba mais sobre o contexto em que ocorreram esses episódios:

Pedra: Demarcava um território. Após ter quebrado o domínio territorial a pedra de calcário (uma pedra mole, parecida com o gesso) era colocada no lugar do altar satânico para representar a sua fragilidade ao ser esmagado pelos pés dos servos do Senhor (Is 27:9). Em hebraico, "pedra de calcário" é *ebhen* e em grego, *lithos* (II Sm 20:8: *limite*; em Jr 4:20: *memorial*; em Gn 28:18 e Dt 27:5: *altar*; em Sl 8:22, At 4:1: *Cristo*).

Vinho: A libação com vinho representava que todas as bênçãos que temos na Terra provêm de Deus; acima de tudo, Jesus Cristo derramou seu sangue a fim de que fôssemos sarados, abençoados e salvos completamente (Is 52-53). Isso é simbolizado pelo vinho na ceia do senhor (I Co 11). O Sangue de Jesus nos liberta do pecado, do mundo e do Diabo, para nos unirmos uns aos outros em um só Espírito (Fp 2) em adoração (Gn 35:12-14; Jo 3-4).

Óleo: Usado para consagrar pessoas, objetos e lugares, representava a presença do Espírito Santificador (I Sm 16:13; Sl 23:5) – o que é ungido está separado para Deus. Ungir pessoas pode representar "o batismo com o Espírito Santo ou o enchimento com o Espírito Santo" (Ef 1:13; 4:30; 5:18). Em Tiago 5 e Marcos 6:13, as pessoas enfermas deviam ser ungidas com óleo para que "a oração da fé as salvasse". Isso não significava que o óleo em si podia salvar alguém, mas que o enfermo devia ter se arrependido e desejado a cura completa de sua alma e de seu corpo, entregando-se completamente para o Espírito de Deus, e não apenas desejando a cura de sua enfermidade física.

Sal: O sal tinha o poder para purificar, preservar e dar sabor e simbolizava a perpetuidade do pacto (II Cr 13:5). Os pactos e as ofertas eram selados com sal, isso representava que o Diabo não podia mais interferir naquela situação ou lugar. Acreditar em Jesus, em sua morte e ressurreição, sela um pacto perpétuo com o crente, uma aliança eterna (I Co 11). Agora os crentes são a luz e o sal para as pessoas neste mundo de trevas (Mt 5:13). Isso nos dá autoridade para anular os pactos feitos com as trevas pelos bruxos, feiticeiros, satanistas, esotéricos e idólatras. Porém, o uso do sal e de qualquer outro símbolo profético sempre tem de acontecer mediante uma clara e inconfundível orientação do Espírito Santo. A orientação é essa: usar o sal significa que os pactos feitos com Satanás foram quebrados e não podem mais ser estabelecidos em determinado lugar. Hoje, o pacto com Deus em Cristo foi estabelecido eternamente (Lv 2:13; Nm 18:19; Jz 9:45; II Rs 2:21; Mc 9:50; Lc 14:34; Cl 4:6).

Fogo: Os sacrifícios não podiam ser oferecidos com outro fogo, senão com aquele que vem do altar (Lv 10:1; Nm 3:4). Mas o fogo que consome e aceita o sacrifício é também o fogo do julgamento divino (Gn 19:24; Ex 9:24; Lv 10:2; Nm 11:1; II Rs 1:10). Simbolizando a purificação (Gn 15:17; Lv 9:23-24; Jz 6:21), o fogo refinador que queima a oferta sobre o altar em aceitação do sacrifício também simboliza o julgamento de Deus (Mt 3:10; 7:19; Lc 3:9; Ap 9:17-18). Jesus trouxe o batismo com o Espírito Santo representado por línguas de fogo no Pentecostes (At 2) e com o fogo ao tomar o julgamento sobre si próprio (Lc 12:49-50). Por isso, o seu batismo com fogo tem o poder de aprovar ou reprovar as obras das pessoas de acordo com a legitimidade daquilo que fazem (I Co 3:12).

Grãos: Simbolizavam o fruto da colheita do avivamento (Sl 72:16). Antes de colher, é preciso arar a terra, prepará-la e plantar – para colher os frutos de um avivamento é preciso começar o preparo no mundo espiritual. Jesus veio e semeou em todos os tipos de solo. Depois da vitória na cruz, o solo bom que foi preparado se tornou pronto para a colheita – e a colheita se tornou realidade no Pentecostes (At 2). Quando jogavam os grãos, estavam declarando a vitória sobre os inimigos que impediam os frutos verdadeiros de um avivamento espiritual, e o resultado disso foi crentes trabalhando na colheita e frutos aparecendo abundantemente.

Pisar: O ato de pisar é parecido com o de marchar, só que é mais agressivo – enquanto a marcha delimita um território, o pisar esmaga e destrói as fortalezas do inimigo sob os pés do povo de Deus (leia, por favor, Lucas 10:19 e Romanos l6:19).

Gritar: Também declarava a vitória sobre o inimigo (Jr 50:46; 51:14). O Shabach da vitória é o grito da vitória sobre as forças do inimigo no mundo espiritual, o que deve refletir imediatamente no mundo físico em algumas ocasiões – como em Jericó (Js 6).

Bater palmas: Esse ato representava a quebra do julgo que estava sobre o povo ou alguma pessoa (Ez 6:11). As palmas eram o prelúdio da destruição do peso e da opressão aos quais determinadas pessoas haviam sido submetidas. Outro significado era o louvor a Deus (Sl 150).

Rir: Rir simbolizava proteção pessoal e saúde emocional em meio a um combate que trazia angústia, dores e sofrimento. E essa era a guerra espiritual contra os demônios. Os demônios também riam sarcasticamente contra o povo de Deus quando conseguiam amedrontá-lo e deixá-lo temeroso, mas eles fugiam quando não podiam ferir a comunhão com o Senhor e Salvador (Sl 37:12-13).

Cantar: Louvar e adorar a Deus por meio da música é uma oferta dedicada ao Senhor, e isso pode ser acompanhado de instrumentos musicais, palmas e danças (Sl 98:5; 100:2; 149-150). Por isso, declara o livramento dado por Deus contra as investidas dos inimigos que pretendem impedir a adoração do povo de Deus. Veja o cântico de vitória de Moisés, Miriã e Davi como exemplo. Cantar um cântico de alegria, de vitória e livramento é o mesmo que declarar tudo isso no mundo espiritual, o que refletirá no mundo físico também (Paulo e Silas na prisão é outro bom exemplo).

Shofar: Ao toque do shofar a voz do Deus Eterno será ouvida! Esse som reunia o povo de Deus para ouvir a sua voz, para se prostrar em adoração. Esse sonido também representava a própria voz do Eterno decretando a derrota do inimigo no mundo espiritual – e nem é preciso dizer que isso se reflete no mundo físico. Exemplo disso aconteceu em Jericó, quando ao tocarem os setes shofares, e depois de outros atos proféticos, as muralhas foram destruídas. Como as vibrações sonoras de sete cornetas poderiam destruir enormes muralhas de pedra? É claro que Deus ordenou que aquilo acontecesse! E aconteceu!

Jesus fez algo incomum ao ungir um cego com barro feito com a sua saliva antes de curá-lo. Elizeu deitou-se sobre a criança antes de ressuscitá-la. Outras vezes, Jesus e os profetas apenas oraram e os milagres aconteceram (Elias orou e o Sol parou; Jesus orou e Lázaro ressuscitou etc.). Os símbolos e os atos proféticos apenas eram válidos quando havia uma clara orientação do Espírito Santo para usar um ou outro, e isso é muito perigoso para crentes que querem "fazer as coisas como dá na cabeça". É tão perigoso quanto interpretar a Bíblia de forma errônea. Portanto, o Espírito Santo deve ser ouvido e entendido tão claramente quanto a Bíblia deve ser entendida. O Espírito nunca contradiz a Palavra de Deus. O Espírito e a Bíblia sempre dizem a mesma verdade!

Declare romanos 8:1-2

> "Portanto, agora já não há condenação para os que estão em Cristo Jesus, porque por meio de Cristo Jesus a lei do Espírito de vida me libertou da lei do pecado e da morte." (Rm 8:1-2 NVI)

Quero compartilhar do mesmo desejo do apóstolo Paulo em relação aos Tessalonicenses e dizer que também desejo isso a todos os leitores do livro *O Olho da Serpente:*

> "Que o próprio Deus de paz faça vocês inteiramente puros, e que o espírito, a alma e o corpo de vocês sejam conservados fortes e irrepreensíveis até aquele dia quando nosso Senhor Jesus Cristo voltar." (1 Ts 5:23 BV)

Deus seja exaltado!

Bibliografia sugerida

A Bíblia de Jerusalém. São Paulo: Paulinas, 1986.

A Bíblia Viva. 10 ed. São Paulo: Mundo Cristão, 1997.

A Nova Tradução na Linguagem de Hoje. São Paulo: Sociedade Bíblica do Brasil, 1998.

A Nova Versão Internacional. São Paulo: Sociedade Bíblica Internacional, 2000.

ALDRICH, Joseph C. *Amizade:* A Chave para a Evangelização. São Paulo: Vida Nova, 1989.

BAALEN, Jan Karel Van. *O Caos das Seitas*. São Paulo: Imprensa Batista Regular, 1989.

BANCROFT, Emery H. *Elemental Theology*. 4 ed. Michigan: Zondervan Publishing House, 1977.

BARCLAY, William. *As Obras da Carne e o Fruto do Espírito*. São Paulo: Vida Nova, 1992.

BARNA, George. *Igrejas Amigáveis e Acolhedoras*. São Paulo: Abba Press, 1995.

_______. *O poder da Visão*. São Paulo: Abba Press, 1993.

BERKHOF, L. *Teologia Sistemática*. 8 ed. Michigan: TELL, 1988.

BROWN, Rebecca. *Prepare-se para a Guerra*. Rio de Janeiro: Danprewan, 1998.

BRUNER, Frederick Dale. *Teologia do Espírito Santo*. São Paulo: Vida Nova, 1989.

BUBECK, Mark I. *O Reavivamento Satânico*. São Paulo: Candeia, 1993.

_______. *Vencer o Adversário*. São Paulo: Vida Nova, 1993.

BUGBEE, Bruce; COUSINS, Don; HYBELS, Bill. *Rede Ministerial*: Pessoas certas... Nos lugares certos... Pelas razões certas. São Paulo: Editora Vida, 2001.

CASTELLANOS, César. *Liderança de sucesso através dos 12*. São Paulo: Palavra da Fé, 2003.

_______. *Sonha e Ganharás o Mundo*. São Paulo: Palavra da Fé, 2002.

CHAPMAN, Colin. *Cristianismo*: A Melhor Resposta. São Paulo: Vida Nova, 1990.

COLLINS, Gary R. *Ajudando uns aos outros pelo aconselhamento*. São Paulo: Vida Nova, 1990.

COMISKEY, Joel. *Crescimento Explosivo da Igreja em Células*. Paraná: Ministério Igreja em Células, 1997.

CORGOZINHO, Elias Hendrikson. *O Cálice Sagrado*. Rio de Janeiro: Litteris, 2009.

COURT, John H. *Pornografia*: Uma resposta cristã. São Paulo: Vida Nova, 1992.

COUSINS, Don; JUDSON, Poling. *Transformando o Mundo*: Tornando-se uma pessoa contagiante. São Paulo: Editora Vida, 2000.

EMERICH, Alcione. *Saindo do Cativeiro*: Como ajudar pessoas a se libertarem de alianças do passado. Rio de Janeiro: Editora Danprewan, 2002.

EXLEY, Richard. *Os Sete Estágios da Tentação*: Estratégias espirituais para fugir da tentação e de suas consequências. São Paulo: Editora Vida, 1998.

FÁBIO, Caio. *Batalha Espiritual*. Rio de Janeiro: Vinde Comunicações, 1996.

FILHO, Tácito da Gama Leite. *Atitudes Ideológicas e Filosóficas*. Rio de Janeiro: JUERP, 1988.

_______. *Seitas Espíritas*. Rio de Janeiro: JUERP, 1988.

_______. *Seitas Neopentecostais*. Rio de Janeiro: JUERP, 1988.

_______. *Seitas Orientais*. Rio de Janeiro: JUERP, 1988.

_______. *Seitas Proféticas*. Rio de Janeiro: JUERP, 1988.

GETZ, Gene. *Building up one another*. Wheaton: Victor Books, 1981.

_______. *Igreja:* Essência e Forma. São Paulo: Vida Nova, 1995.

GRAHAM, Billy. *O Espírito Santo*. São Paulo: Vida Nova, 1992.

GREEN, Michael. *Evangelização na Igreja Primitiva*. São Paulo: Vida Nova, 1989.

HORRELL, J. Scott (Ed.). *Ultrapassando Barreiras*: Igrejas inovadoras e métodos bíblicos que brotam no Brasil. São Paulo: Vida Nova, 1995.

HORRELL, J. Scott (Ed.). *Ultrapassando Barreiras*: Novas opções para a Igreja Brasileira na virada do século XXI. São Paulo: Vida Nova, 1994.

KENNEDY, D. James. *As Portas do Inferno não Prevalecerão*. Rio de Janeiro: CPAD, 1998.

KIVITZ, Ed René. *Koinonia*. São Paulo: Abba Press, 1994.

_______. *Quebrando Paradigmas*. São Paulo: Abba Press, 1995.

KORNFIELD, David E. *As Bases na Formação de Discipuladores*. São Paulo: Sepal, 1996.

KREWSON, William L. *As Alianças Bíblicas*. Porto Alegre: Actual, 2005.

LACY, G. H. *Introdución a la Teologia Sistemática* (Basada en las obras de A. H. Strong y Carlos Hodge). 3 ed. Buenos Aires: Casa Bautista de Publicaciones, 1979.

LEWIS, C. S. *Peso de Glória*. São Paulo: Vida Nova, 1993.

LINDSEY, Hal. *Libertos para viver.* São Paulo: Mundo Cristão, 1984.

MÉNDEZ, Ana. *Os céus serão Abalados*: Como preparar-se para a Guerra Espiritual no Novo Milênio. Rio de Janeiro: Danprewan, 2002.

NEE, Watchman. *Autoridade Espiritual.* 16 ed. São Paulo: Vida, 2000.

________. *O Homem Espiritual.* Vol. 11. Belo Horizonte: Parousia, 1968.

________. *O Poder Latente da Alma*. Alfenas: CCC, 2001.

NEIGHBOUR, Ralph W. Jr. *Bem-Vindo à Família*. Paraná: Ministério Igreja em Células, 1999.

________. *Guia do Discipulador.* Paraná: Ministério Igreja em Células, 2000.

________. *Roteiro para seu Ministério*. Paraná: Ministério Igreja em Células, 2000.

________. *Bem-Vindo à Sua Vida Transformada*. Paraná: Ministério Igreja em Células, 1999.

________. *Estação do Novo Convertido*. Paraná: Ministério Igreja em Células, 1999.

NEUMANN, Mikel. *Alcançar a Cidade*: As células na evangelização urbana. São Paulo: Vida Nova, 1993.

PIERATT, Alan B. *O dedo de Deus ou os chifres do Diabo?* São Paulo: Vida Nova, 1994.

RAVENHILL, Leonard. *Por que tarda o pleno avivamento?* São Paulo: Betânia, 1989.

SCHAEFFER, Francis. *A Morte da Razão*. São Paulo: Fiel, 1989.

SCHWARZ, Christian A. *O desenvolvimento natural da Igreja*. Paraná: Editora Evangélica Esperança, 1996.

SHEDD, Russell. *Adoração Bíblica*. São Paulo: Vida Nova, 1987.

________. *Andai Nele*. São Paulo: Vida Nova, 1991.

________. *O Mundo a Carne e o Diabo*. São Paulo: Vida Nova, 1993.

SHELLEY, Bruce L. *A Igreja*: O Povo de Deus. São Paulo: Vida Nova, 1989.

STOTT, John R. W. *O Batismo e Plenitude do Espírito Santo*. São Paulo: Vida Nova, 1993.

TOZER, A. W. *Esse Cristão Incrível*. São Paulo: Mundo Cristão, 1985.

WAGNER, Peter C. *Igrejas que Oram*. São Paulo: Bom Pastor, 1993.

WARREN, Rick. *Uma Igreja com Propósitos*. São Paulo: Vida, 1998.

WENHAM, John W. *O Enigma do Mal*: Podemos crer na bondade de Deus? São Paulo: Vida Nova, 1989.